KB170680

AI, 빅데이터 활용이 쉬워지는

반병현 지음

142가지 데이터셋

생능북스

AI, 빅데이터 활용이 쉬워지는

142가지 데이터셋

초판 인쇄 2022년 2월 15일
초판 발행 2022년 2월 22일

지은이 ｜ 반병현
펴낸이 ｜ 김승기
펴낸곳 ｜ ㈜생능출판사 / **주소** 경기도 파주시 광인사길 143
브랜드 ｜ 생능북스
출판사 등록일 ｜ 2005년 1월 21일 / **신고번호** 제406-2005-000002호
대표전화 ｜ (031) 955-0761 / **팩스** (031) 955-0768
홈페이지 ｜ www.booksr.co.kr

책임편집 ｜ 유제훈 / **편집** 신성민, 김민보
마케팅 ｜ 최복락, 심수경, 차종필, 백수정, 송성환, 최태웅, 명하나
인쇄 /제본 ｜ 천일문화사

ISBN 978-89-7050-535-0 93000
값 22,000원

AI, 빅데이터 활용이 쉬워지는
142가지 데이터셋

들어가며

인공지능이나 빅데이터 관련 프로젝트에 참여해 본 경험이 있다면 데이터셋의 중요성에 대한 나름의 생각이 있을 것입니다. 프로젝트 초기에는 모델을 피팅하는 데 필요한 데이터를 확보하는 것 자체가 어려운 일이지만, 연구 결과를 정량적 · 정성적 성과로 가공해야 하는 단계에서는 조금 더 많은 고민을 하게 됩니다.

엔지니어들은 기술 개발은 잘 마무리해두고서 뒤늦게 긴 고민에 빠지곤 합니다. 연구윤리상 합법적으로 인용이 가능한 데이터인지, 동일한 데이터를 활용한 선행 연구 결과는 얼마나 풍부한지 등의 고민은 필수입니다. 때로는 어떤 데이터셋을 활용했는지에 따라서 논문의 피인용수가 크게 달라질 수 있으므로 전략적인 접근 또한 중요합니다. 특히 영리 목적 프로젝트인 경우에는 데이터셋의 라이선스까지 면밀하게 따져야 하고요.

이 책은 각 분야에서 주목받는 142개의 데이터셋을 안내합니다. 각 데이터셋에 접근할 수 있는 공식 URL과 인용 정보(citation text)를 제공하며, 해당 데이터셋을 인용한 다른 논문들에 대한 정보도 제공합니다.

프로젝트 기획 단계에서 이 책을 활용하여 데이터셋 후보를 몇 건 선정하는 것으로 소요시간을 획기적으로 단축할 수 있을 것입니다. 추후 여러분의 연구 결과를 잘 뒷받침할 수 있는 데이터셋을 선정하여 책에 기재된 인용 문구를 활용하여 인용하시고, 책에서 소개되는 관련 논문들을 참조하여 해당 데이터셋에 대한 선행 연구결과나 벤치마크 수치를 손쉽게 탐색하시기 바랍니다.

각 데이터셋을 인용한 관련 논문들은 피인용수가 다른 논문에 비해 월등히 높거나, 비교적 최근에 발표된 논문 위주로 선정하였습니다. 해당 논문들의 Introduction 파트를 참고하시거나, 그 논문을 인용한 다른 논문을 탐색하시면 관련 분야의 최신 연구결과나 연관성 있는 다른 최신 데이터셋들도 쉽게 탐색하실 수 있습니다.

부디 이 책이 독자 여러분의 프로젝트 기획과 연구 결과 실적화에 필요한 노력을 조금이나마 덜어 드릴 수 있기를 바랍니다.

2022년 초의 어느 오후

반병현 드림

[이 책을 집필하며 만들어진 논문]

Ban, Byunghyun. "A Survey on Awesome Korean NLP Datasets." arXiv preprint arXiv:2112.01624 (2021).

차례

본문에 수록된 데이터셋을 보다 편리하게 받아보고 싶거나 데이터셋의 출처가 사라진 경우 저자가 만든 이 책의 홈페이지(https://needleworm.github.io/dataset)를 참고하시면 됩니다.

0

데이터셋
사용 안내

이 책을 활용하는 방법

이 책의 목표는 여러분들의 AI 연구·개발과 논문 작성의 노고를 덜어드리는 것입니다. 이 책에서는 빅 데이터 포털, 영상, 자연어, 소리, 강화학습, 과학기술 분야의 다양한 데이터셋(dataset)을 다루고 있습니다.

AI 알고리즘을 설계하는 과정이나 완성된 AI의 성능을 평가할 때, 우리는 데이터셋을 구하기 위하여 열심히 구글 스칼라를 여행합니다. 활용도 높은 데이터셋은 인용하기가 수월한 형태여야 하며, 실제로 다양한 논문들이 활발하게 인용하고 있어야 하며, 무료로 다운로드할 수 있는 형태여야 합니다.

유용한 데이터셋을 매번 찾아다니는 일은 굉장히 고된 일입니다. 연구실 선배들이 인용한 데이터셋을 그대로 인용하거나, 텐서플로(TensorFlow) 데이터셋 라이브러리에서 제공하는 데이터셋을 그대로 가져다 쓰는 것이 편리한 대안이긴 합니다만, 이 또한 한계가 명확합니다. 최신 트렌드를 반영한 데이터셋이나, 구글 진영의 리포지토리(repository, 저장소)에 풀 리퀘스트(pull request)[1]를 올리지 않는 권위 있는 데이터셋들을 놓치게 되니 말입니다.

뿐만 아니라, 연구실에 소속되지 않은 학부생에게는 데이터셋 정보를 수집하는 행위 자체가 큰 부담으로 느껴질 것입니다. 모두가 열광하는 데이터셋을 이해하려면 영어

---

1) 풀 리퀘스트 : 깃(Git)에서 포크(fork)한 저장소를 원본 저장소 주인에게 머지(merge)해달라고 요청하는 것

로 된 논문을 독파해야 하니까요. 그렇다고 이해하기 쉬운 데이터셋을 사용하자니, 리소스가 너무나도 한정적입니다.

이 책에서는 오랜 시간 전 세계의 학자들에게 활발히 인용되며 그 사용성이 증명된 데이터셋과, 국제학계에 영향력을 행사할 정도의 대형 조직이 발표한 최신 데이터셋 정보를 제공합니다. 데이터셋을 분야별로 나누어 간략한 정보와 규모, 라이선스 및 인용(citation) 정보를 활용하기 용이한 형태로 요약하여 제공해 드리니, 음식점 메뉴판을 살펴보시듯 편한 마음으로 책장을 넘기면서 데이터셋들을 간략히 살펴보기 바랍니다.

활용해 볼 만한 데이터셋이 눈에 들어온다면, 책에서 소개하는 URL을 통하여 데이터셋의 홈페이지에 접속하여 코드를 다운로드할 수 있습니다. 데이터셋을 활용해 유의미한 성과를 만들어 냈다면 책에 기재된 인용 정보를 활용하여 논문에 간편하게 데이터셋을 첨부할 수 있습니다.

이 책에서는 해당 데이터셋을 활용한 흥미로운 연구결과들도 소개하고 있습니다. 피인용수가 독보적으로 높거나, 탑 티어 학회에서 심사가 통과되었거나, 최근 6개월 이내에 발표된 논문 위주로 추가 레퍼런스를 기재하여 두었으니 데이터셋의 활용 예시가 궁금하다면 관련 레퍼런스 논문을 살펴보기 바랍니다.

데이터셋의 명칭

데이터셋의 특징

데이터셋의 내용

데이터셋에 대한 설명

해당 데이터셋 관련 논문

데이터셋의 사용과 저작권법

1. 법리 분석

데이터셋은 누군가가 시간과 돈, 그리고 막대한 노력을 기울여 제작한 자료입니다. 데이터셋에 포함시킬 자료들을 선별하는 과정에서 제작자의 노력과 창의성이 포함되었고, 학습을 위한 레이블의 경우 그 자체로 창작물이므로 데이터셋 역시 저작권의 보호 대상입니다.

따라서 데이터셋을 무분별하게 활용하는 경우 저작권의 위반으로 민형사상의 책임이 발생할 수 있으며, 연구윤리의 위반행위이므로 많은 사람으로부터 지탄받을 수 있습니다. 따라서 연구자는 데이터셋의 사용과 관련된 저작권의 법리를 이해하고, 정당한 방식으로 데이터셋을 인용하며 연구에 활용해야 합니다.

이에 데이터셋을 활용하려는 연구자가 반드시 알아야 하는 법률 정보를 간략하게 안내하겠습니다.

① 저작권의 기초 개념

저작권은 저작권법을 근거로 발생하는 권리이며, 인간의 사상이나 감정을 표현한 창작물은 저작권의 보호 대상이 됩니다. 이때 사상에는 아름다움을 느낄 수 있는 예술적 표현뿐 아니라 기술적 사상도 포함될 수 있습니다. 이를테면 논문이나 특허명세서 등도 저작권으로 보호받을 수 있는 저작물입니다. 저작권은 저작물이 탄생하는 순간 자연적으로 발생하는 권리입니다. 데이터셋이 가질 수 있는 저작권의 권리는 저작인격권과 저작재산권입니다.

② 저작인격권

저작인격권은 저작물을 제작한 창작자의 인격을 보호하기 위한 권리입니다. 쉽게 설명하면, 저작권자가 누구인지를 밝혀야 한다는 뜻입니다. 남의 작품을 내 작품인 것처럼 표절하지 않아야 한다는 뜻으로 이해하면 정확합니다.

데이터셋을 가져와 사용하는 연구자는 데이터셋의 제작자가 누구인지를 명확하게 밝히며 인용하는 것으로 저작인격권의 제한을 피해갈 수 있습니다.

이 책에서 소개되는 모든 데이터셋은 저자가 직접 요청한 방식 또는 일반적인 연구 논문에서 차용하는 방식으로 데이터셋을 인용하는 인용 문구를 제공하고 있습니다. 책에서 소개된 문구를 그대로 인용하는 것으로 저작인격권의 문제는 해소됩니다.

③ 저작재산권 – 비영리 연구목적 활용의 경우

저작재산권은 쉽게 말해 '저작물을 팔아서 돈을 벌 수 있는 권리'입니다. 연구자들 사이에서 저작재산권에 대한 인식이 부족한 면이 있습니다.

> **저작권법 제28조(공표된 저작물의 인용)**
> 　공표된 저작물은 보도 · 비평 · 교육 · 연구 등을 위하여는 정당한 범위 안에서 공정한 관행에 합치되게 이를 인용할 수 있다.

일반적으로 연구 결과물을 전 세계에 발표하는 것이 목적인 논문에서 데이터셋을 인용하는 행위는 비영리적 연구활동으로 분류되며, 저작권법 제28조에 의하여 저작재산권이 면제됩니다. 즉, 데이터셋을 인용하며 논문을 발표하는 행위는 저작권법상 문제가 되지 않는 경우가 많습니다.

하지만 항상 논문 발표가 안전하다는 뜻은 아닙니다. 저작권법 제28조의 후문을 살펴보면 '정당한 범위'와 '공정한 관행'이라는 문구가 등장합니다. 데이터셋의 제작자가 사용을 허락하지 않는다면 데이터셋의 사용이 불법이라는 의미입니다.

정부 예산으로 구축되고 있는 대규모 데이터 포털인 AI Hub의 데이터셋을 예로 들어보겠습니다. 2021년 현재 AI Hub(https://aihub.or.kr)의 라이선스에는 아래와 같은 문구가 삽입되어 있습니다.

> 2. 국외에 소재하는 법인, 단체 또는 개인이 AI 데이터 등을 이용하기 위해서는 수행기관 등 및 한국지능정보사회진흥원과 별도로 합의가 필요합니다.

위 문구에 따라 외국인이나 국외 체류 중인 한국인은 한국지능정보사회진흥원과의 합의 없이 데이터셋을 사용하는 것이 제한됩니다. 이를 무시하고 데이터셋을 사용할 경우, '정당한 범위'나 '공정한 관행'에 해당하지 않으므로 저작권법 제28조가 적용되지 않아 저작재산권이 유지됩니다.

이 경우 논문에 정확한 인용을 기재하며 데이터셋을 사용하였다 하더라도 저작재산권 위반이므로 형사처벌도 가능하며, 민사배상 책임도 발생하는 것입니다.

따라서 논문에 데이터셋을 활용하는 경우에도 데이터셋의 라이선스를 면밀하게 확인해 보고, 저자들이 사용을 허가한 경우에만 데이터셋을 인용하는 것이 중요합니다. 현실적으로 해외 소재 데이터 제작자들로부터 국제소송을 당할 가능성은 희박하겠지만, 연구윤리상 불법적으로 데이터를 수집하는 것은 바람직하지 못하므로 이에 따른 주의가 필요합니다.

이 책에서 소개되는 데이터셋은 모두 비영리 연구목적 활용이 자유롭게 허가된 데이터셋입니다.

④ 저작재산권 – 영리 목적 활용의 경우

영리 목적 활용의 경우에는 저작재산권이 더욱 엄격하게 적용됩니다. 데이터셋의 제작자가 직접적으로 상업적 사용을 허가한 경우가 아니라면 영리 목적 활용은 불가능합니다. 이 책에서 소개되는 데이터셋 중에서 영리적 사용이 가능한 것들은 라이선스명을 컬러로 표시해 두었습니다.

2. 데이터셋의 저작권 침해가 가능하긴 한가요?

일반적으로 저작권 침해라면 음악이나 소설을 표절하는 행위를 떠올릴 것입니다. 저작물의 내용을 동일하거나 비슷하게 흉내 내는 행위를 의미합니다. 그런데 AI의 학습에 데이터를 사용하는 행위가 표절과 유사한가요?

AI의 학습 결과물은 모델 속에 녹아있는 단순한 텐서입니다. 이 텐서로부터 원본 데이터를 복원해 내는 과정은 매우 어려운 일입니다. 생성적 모델(generative model)의 경우에도, 모델의 웨이트(weigh)로부터 학습에 사용한 빅데이터를 원본 그대로 추출해 내는 것은 불가능하지요.

그렇다면 딥러닝 모델에 빅데이터를 집어넣는 행위는, 혹시 저작권법 위반이 아닌 것은 아닐까요? 작가는 이 부분에 커다란 의문을 느꼈습니다. 아직 대한민국 저작권법에는 이 부분에 구멍이 있으며, 관련 판례도 없어 법원의 입장도 알 수 없는 상황이었습니다.

저자의 법률적 가치관으로는 데이터셋을 인공신경망(neural network, 뉴럴 네트워크)에 집어넣어 학습에 사용한 경우, 저작권법 위반이 발생하는 것이 불가능한 것이 아닌가 생각됩니다. 특히 생성적 모델이 아니라 단순 분류나 회귀를 하는 모델의 경우에는 아예 원본 데이터의 복원 가능성이 0이니 말입니다.

호기심은 참을 수 없는 법입니다. 판사 출신 변호사님, 로스쿨 출신 변호사님 및 로펌 2곳, 총 4곳에 자문을 요청했습니다.

의견 1 **판사 출신 A 변호사님의 입장**

"쉽게 판단할 수 없는 매우 어려운 사안. 본인이 답변 드릴 수 있는 내용이 아닌 것 같다."

의견 2 **로스쿨 출신 B 변호사님의 입장**

"저작권 침해가 성립하는 법리는 잘 모르겠다. 하지만 침해가 성립한다는 주장과 함께 고소가 제기된다면, 수사를 통해 데이터 파일이 이동했다는 사실을 입증하는 것은 쉬울 것. 실무를 보는 변호사는 항상 조심스러운 스탠스로 답변 드리는 것이 맞다고 생각한다. 침해가 성립한다고 생각하고 조심스럽게 행동하시는 것을 추천한다."

의견 3 **C 로펌의 입장**

"사례가 없어 굉장히 어려운 사안이다. 전문적인 법리 검토 없이는 답변이 어렵다. 거의 논문을 한 편 쓰다시피 노력이 필요할 것 같다."

의견 4 **D 로펌의 입장**

"사례가 없어 굉장히 어려운 사안이나, AI 모델을 리버스엔지니어링 해도 원본 데이터를 복원할 수 없다면 침해가 아닐 것으로 생각된다."

법률 전문가들조차도 AI에 빅데이터를 학습시키는 행위가 저작권법 위반인지 아닌지 명확하게 답변할 수 없는 상황이었습니다. 법률 논문이라도 한 편 써볼까 라는 생각에 잠겨 잠시 즐거워하고 있었는데, 전혀 의외의 곳에서 문제가 해결될 가능성이 열렸습니다.

저작권법 전부개정법률안 (도종완 의원 등 발의, 2021.01.15. 의안번호 7440)
저작권법 전부개정안 신설조문

제35조의5(정보분석을 위한 복제 · 전송)
① 컴퓨터를 이용한 자동화 분석기술을 통해 다수의 저작물을 포함한 대량의 정보를 해석(패턴, 트렌드, 상관관계 등의 정보를 추출하는 것)함으로써 추가적인 정보 또는 가치를 생성하기 위하여 다음 각 호의 요건을 갖춘 경우에는 필요한 한도 안에서 저작물을 복제 · 전송할 수 있다.

  1. 그 저작물에 대하여 **적법하게 접근**할 수 있는 경우일 것
  2. 그 저작물에 표현된 **사상이나 감정**을 스스로 **체감**하거나 다른 사람에게 **체감**하게 하는 것을 목적으로 하는 경우가 아닐 것
② 제1항에 따라 만들어진 복제물은 정보분석을 위해 필요한 한도 안에서 보관할 수 있다.

저작권법 전부개정안에서 발의된 신설조문 제35조의5에 따르면, 빅데이터 마이닝이나 AI 학습 용도로 데이터셋을 사용하는 경우 저작재산권의 적용이 면제될 것으로 보입니다.

단, 데이터셋을 복원할 수 있는지 여부가 아니라 동일한 '사상이나 감정'을 '체감'할 수 있는지가 저작권의 적용 유무이므로, Neural Style Transfer나 Cycle GAN과 같은 모델들은 저작권 적용이 면제되지 않을 것으로 보입니다.

뿐만 아니라 '적법하게 접근'이라는 문구를 두고 치열한 소송전이 벌어질 것으로 예상됩니다. 예를 들어, 데이터셋의 제작자가 제시한 라이선스를 위반한 사용예시는 '적법하게 접근'이라는 문구에 해당하지 않는다는 판결이 내려질 가능성이 큽니다.

따라서 저작권법 전부개정안의 입장은 'AI에 데이터셋을 입력하는 행위는 종래 저작권법을 위반하는 행위는 아니다.'라는 견해를 밝히며 저자의 주장과 동일한 해석을 밝히고 있습니다.

하지만 '적법한 접근'이라는 제약을 집어넣어, '그래도 데이터셋을 제작한 제작자의 노고는 보호해야 한다.'라는 울타리를 세웠습니다. 기존의 법률로는 데이터셋 제작자를 보호할 수 없기 때문에 아예 관계를 명시적으로 법률 조문에 박아버리는 것이 이번 개정안의 취지입니다.

B 변호사님의 설명에 따르면 소송 진행 중 법률이 바뀌면 바뀐 법률을 기준으로 판결을 내린다고는 합니다. 개정안은 2021년에 발의되었으므로, 이 책에서 비영리 목적으로만 사용 가능하다고 안내한 데이터셋을 영리 목적으로 활용하여 송사에 휘말리게 된다면, 초기에 소송이 흐지부지 지연되다가 개정안 입법 이후 빠르게 개정안의 입법 취지와 합치하는 방향으로 판결이 내려지게 될 것입니다.

아무리 현행 저작권법에 구멍이 있어 빅데이터를 AI에 투입하는 행위를 저작권법 위반으로 보기 곤란한 상황이라 하더라도, 소송 진행 도중 불법이라는 방향으로 결론이 날 가능성이 크기 때문에 독자 여러분은 영리 목적으로 데이터셋을 활용할 때는 거듭 주의를 기울이기를 부탁드립니다.

3. 면책 안내

이 책에서 소개되는 라이선스는 데이터셋을 발표한 연구자의 견해를 그대로 인용한 것입니다.

MimicNet의 경우 깃허브 리포지토리에서 데이터와 소스코드를 상업적 사용이 가능한 Apache 2.0 라이선스로 배포하면서도, 모델 라이선스는 상업적 사용이 불가능한 CC BY-NC 4.0 형태로 배포하고 있습니다. 이 경우 법적으로는 데이터셋의 라이선스가 Apache 2.0이라 보는 것이 타당하나, 명시적으로 데이터만 따로 콕 집어 라이선스를 주장하지는 않았으므로 제작자가 실수한 것으로 볼 여지도 있습니다.

뿐만 아니라, 저작권이 살아 있는 원본 데이터를 크롤링해 가공한 데이터셋을 제작하여 자유 라이선스로 배포해버리는 경우도 고려해야 합니다. 비록 데이터셋 제작자가 자유 라이선스로 데이터셋을 배포하였더라도, 원본 데이터의 라이선스는 그대로 살아 있습니다. 데이터셋 제작자의 표절 행위로 인해 2차적 사용자들까지도 피해를 보는 상황이지요.

데이터셋을 제작한 연구자가 법률에 대한 지식이 밝지 않아 실수를 했을 수도 있으므로, 영리 목적으로 데이터를 사용할 때에는 재차 라이선스에 대한 확인하기 바랍니다. 이와 관련하여 문제가 생기더라도 이 책의 저자와 출판사는 어떠한 책임도 지지 않습니다.

데이터셋의 라이선스 변동이나 저자의 실수가 우려된다면, 데이터셋의 깃허브 리포지토리를 포크하여 현재 버전으로 박제해 두고 사용하는 것을 추천합니다. 이는 데이터셋이 과거에 영리 목적 사용이 가능한 형태로 배포되었음을 직접적으로 증명하는 수단이므로, 충분히 방어 용도로 활용할 수 있습니다.

4. 인용

데이터의 라이선스가 Public Domain으로 명시된 경우가 아니라면, 반드시 인용(citation) 문구를 사용하여 데이터셋의 출처를 밝히기 바랍니다. 대부분 데이터셋은 무료 사용을 허가하면서도, 반드시 저작자의 정보와 출처를 밝히는 것을 사용 허락 조건으로 두고 있습니다.

출처 명시가 없는 데이터셋의 활용은 라이선스를 정면으로 위반하는 행위이므로, 연구윤리 및 저작권법 조문상 절대로 권장하지 않습니다.

5. 데이터셋별 라이선스 안내

데이터셋의 라이선스가 컬러로 표시된 데이터셋은 상업적 용도로 사용할 수 있습니다. 라이선스 용어에 대한 내용은 다음과 같습니다.

① 크리에이티브 커먼즈 라이선스(Creative Commons License) 계열

심볼	코드	저작자 표시	2차 창작물 제작	영리목적 이용
PUBLIC DOMAIN	CC0	불필요	가능	가능
CC BY	CC BY	필수	가능	가능
CC BY SA	CC BY–SA	필수	가능	가능
CC BY ND	CC BY–ND	필수	불가능	가능
CC BY NC	CC BY–NC	필수	가능	불가능
CC BY NC SA	CC BY–NC–SA	필수	가능	불가능
CC BY NC ND	CC BY–NC–ND	필수	불가능	불가능

② 오픈소스 소프트웨어 라이선스 계열

명칭	원작자 표시	2차 창작물에 동일 라이선스 유지	소스코드 공개 필요	영리목적 사용
Apache	필수	불필요	불필요	가능
GPL	필수	필수	필수	가능
MIT	필수	불필요	불필요	가능
BSD	필수	불필요	불필요	가능
Mozilla	필수	필수	필수	가능
ODbL	필수	필수	불필요	가능

③ 공공누리 계열

심볼	코드	저작자 표시	2차 창작물 제작	영리목적 이용
–	이용허락범위 제한없음	불필요	가능	가능
OPEN 공공누리 공공저작물 자유이용허락	공공누리 1유형	기관명 및 작성자명	가능	가능
OPEN 공공누리	공공누리 2유형	기관명 및 작성자명	가능	불가능
OPEN 공공누리	공공누리 3유형	기관명 및 작성자명	불가능	가능
OPEN 공공누리	공공누리 4유형	기관명 및 작성자명	불가능	불가능

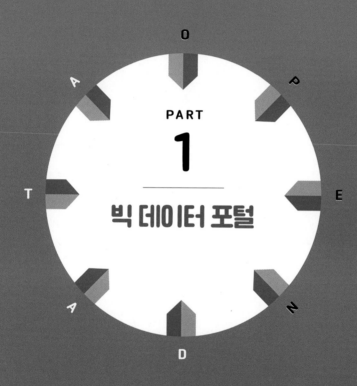

PART

1

빅 데이터 포털

CHAPTER

1

데이터 포털
(Data Portal)

DATASET 001

텐서플로 데이터셋

분야	모든 분야
데이터 요약	유명한 데이터셋들과 구글 내부 데이터셋
데이터 규모	290여 종의 데이터셋
데이터 포맷	tf.data.Dataset 텐서 객체
라이선스	개별 데이터별로 다름
데이터 출처	https://www.tensorflow.org/datasets/catalog/overview

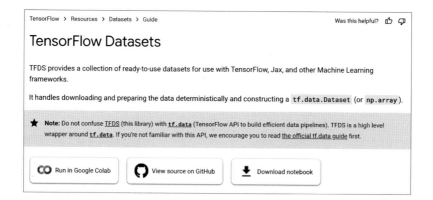

구글이 직접 수집한 데이터셋들과 개발자들이 텐서플로 깃허브에 풀 리퀘스트를 통하여 추천한 데이터셋들을 모아서 제공하는 도구입니다. 굉장히 빠른 속도로 다양한 데이터들이 추가되고 있습니다. 현재까지 연구 및 학술 분야에서 가장 활용도가 높은 데이터 포털입니다.

텐서플로 공식 깃허브 리포지토리에 풀 리퀘스트를 요청하는 건이니만큼 검증된 데이터셋들만 제공됩니다. 대부분의 데이터셋들이 탑 티어 학회에서 공개되었거나, 탑 티어 학회 논문들로부터 무수히 많은 인용을 받은 데이터입니다. 혹은 캐글(Kaggle) 경진대회 등에서 너무나도 유명해진 케이스도 있습니다. 데이터셋을 사용할 때는 각각의 데이터셋의 원 출처를 방문하여 데이터셋의 논문을 인용하면 됩니다.

텐서플로 데이터셋을 활용하면 자동으로 데이터셋을 다운로드받아 텐서(tensor) 형태로 불러올 수 있습니다. 이 데이터셋의 활용 방법은 아래 URL을 통하여 확인할 수 있습니다.

https://www.tensorflow.org/datasets/overview

텐서 가공이 익숙하지 않거나, 원본 데이터 수집을 원한다면 개별 데이터셋의 홈페이지를 방문하여 데이터를 내려받기 바랍니다.

DATASET 002

AI Hub

분야	음성/자연어, 비전, 헬스케어, 자율주행, 안전, 농축수산, 국토환경, 교육 등
데이터 요약	과기부와 한국지능정보사회진흥원(NIA)에서 운영하는 AI 학습 데이터 포털
데이터 규모	개방 데이터셋 200여 종, 외부 데이터셋 80여 종
라이선스	아래 본문에 개별 설명
데이터 포맷	tf.data.Dataset 텐서 객체
데이터 출처	https://aihub.or.kr/
인용(Citation)	[Dataset Name] used for this project was provided by National Information society Agency, NIA, via AI Hub portal. https://aihub.or.kr

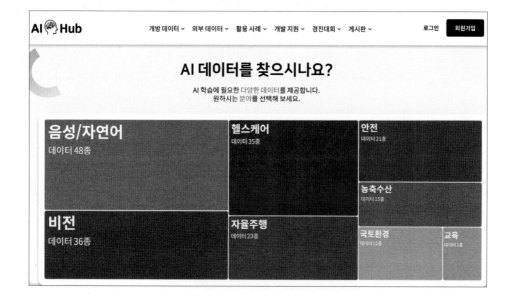

개방 데이터

국책사업, 데이터 기탁, 공공데이터 수집 등의 경로를 통하여 수집된 데이터셋을 제 공하는 포털입니다. 위 그림과 같이 8개 카테고리의 180여 종류의 데이터셋을 제공[1] 하고 있으며, 꾸준히 새로운 데이터가 추가되고 있습니다.

---

1) 해당 수치는 2021년 4분기 기준입니다.

==한국인이 대한민국 영토 내에서 데이터셋을 사용할 경우 영리 목적 사용까지 허가됩니다.== 단, 해외 소재 법인에 고용된 직원이 회사를 위해 사용하는 것은 금지되며, 데이터의 해외 반출 또한 불가능합니다.

각각의 데이터셋에 대한 상세한 정보와 데이터에 대한 설명서는 물론, 데이터셋을 활용하여 AI를 만드는 데 도움이 되는 가이드와 모델까지도 제공됩니다.

데이터셋명	고해상도 Lightfield 카메라 이미지			
데이터 분야	비전	데이터 유형		이미지
구축기관	위지윅스튜디오		담당자명	하회석(위지윅스튜디오)
가공기관	위지윅스튜디오, 엘렉시, 데브박스	데이터 관련 문의처	전화번호	02-749-0507
검수기관	위지윅스튜디오, 엘렉시, 데브박스		이메일	hhsuk@wswgstudios.com
구축 데이터량	14.4만	구축년도		2020년
버전	1.1	최종수정일자		2021.09.14
소개	영상처리 및 이해기술 개발과 4D Interactive 입체 기술 개발을 위한 고해상도 Lightfield 카메라 데이터를 구축하여 대용량 자료에 대한 초점변경, 디포커싱 등 영상처리 데이터			
주요 키워드	Lightfield, 다시점, 다초점, 자유 시점, 재초점, 깊이 정보, 객체 인식, LF 카메라			
저작권 및 이용정책	본 데이터는 과학기술정보통신부가 주관하고 한국지능정보사회진흥원이 지원하는 '인공지능 학습용 데이터 구축사업'으로 구축된 데이터입니다. [데이터 이용정책 상세보기]			
데이터설명서	**자료보기** 📝	구축활용가이드		**자료보기** 📝
샘플데이터	**다운로드** ⬇	교육활용동영상		**영상보기** ▶
저작도구	**다운로드** ⬇	AI모델		**다운로드** ⬇

데이터셋을 활용하려면 포털에 회원가입을 하면서 신청자 본인인증과 데이터 사용목적 등을 접수해야 합니다. 아울러 데이터 사용을 신청할 때마다 약관 동의에 따른 일종의 사용권 계약을 수락하게 되므로, 반드시 라이선스의 범위 내에서만 데이터를 활용해야 합니다.

본 포털의 데이터는 외국인의 접근이 제한되므로 논문의 피어리뷰 과정에서 결과 재현을 위해 해외 리뷰어가 데이터셋을 요구하는 경우 어려움이 발생할 수 있습니다. NIA 동의가 있으면 제한적으로 해외로 데이터를 송신하는 것이 허가되므로, 논문을 접수하는 시점에 NIA에 논문 투고처의 정보를 전달하며 미리 송신 신청을 하는 것을 추천합니다.

또한 데이터 라이선스 자체의 특성상 데이터셋이 국제학회나 국제학술지에서 인용되기가 쉽지 않습니다. 외국인이 데이터셋을 연구개발에 사용하려면 논문 작성 시점이 아니라 연구개발 초기 단계나 벤치마크 단계에 NIA에 데이터를 요청해야 하는데, 한 달만 지나도 SOTA[2]가 빠르게 바뀌는 AI 분야에서는 외국인이 한국의 기관에 데이터를 요청하고 절차를 기다릴 가능성은 매우 낮습니다.

따라서 선행연구논문이 사용한 데이터를 그대로 사용하여 실험을 진행하고, 논문에 기재된 성능수치를 그대로 인용해 사용하는 것이 불가능합니다. 해당 논문에서 소개된 모델을 구현하여 공공데이터로 다시 학습시켜야 성능 비교가 가능해집니다.

이러한 사정을 고려하여 SOTA를 두고 경쟁해야 하는 학회 논문보다는, 교육 목적이나 AI 개발 초기 단계에 러프하게 활용해 보는 등 국제적으로 성과를 과시할 필요가 없는 연구 분야에 활용하기를 권장합니다.

데이터의 해외 반출 금지라는 라이선스 조항 때문에, 다양한 벤치마크 성능 비교를 통하여 연구개발 결과물이 세계 최고 수준을 갱신했다는 사실을 증명해야 하는 현재의 AI 연구 트렌드에 적합하지 않은 데이터 포털이 되어버렸습니다. 이는 AI Hub가 극복해야 할 큰 숙제입니다.

---

2) Sate Of The Art, 세계 최고 수준

그렇지만 영리 목적 사용이 허가된 대량의 데이터가 한곳에 모여 있다는 장점도 있으므로 기업이나 학부생 등 논문 발표를 하지 않을 연구자가 활용하기에는 굉장히 유용할 것으로 생각됩니다.

외부 데이터

NIA와 제휴한 외부 기관이 제공하는 데이터로, 현재 총 5종의 외부 데이터가 연계되어 있습니다.

- KETI 지능정보 플래그십 R&D 데이터
- 공항 이상행동 CCTV
- 카이스트(KAIST) 오디오북 데이터셋
- 2020년 인공지능 온라인 경진대회 AI 데이터
- AI Starthon X 네이버 데이터셋

KETI(한국전자기술연구원) 지능정보 플래그십 R&D 데이터의 경우 비상업적 연구에만 사용 가능하며, 다른 데이터셋들은 비상업적 연구 및 개발에 사용 가능합니다. 각 데이터는 AI Hub의 개방 데이터에 비하여 사용 조건이 까다로우므로, 개방 데이터 중에서 마음에 드는 데이터셋이 없을 때만 둘러보기 바랍니다.

외부 Open 데이터

국내외에서 공개된 데이터셋 80여종에 대한 링크를 제공합니다. 텍스트, 음성, 이미지, 영상, 기타 총 5개 카테고리로 구분되어 있으며, Cityscape 등과 같이 저명한 해외 데이터셋들의 정보가 제공됩니다. 대부분 해외에서도 널리 인용되어 사용되는 데이터셋이다 보니 벤치마크 정보를 획득하기에도 용이합니다.

단순 스크랩북 형태의 데이터셋이지만, 아이러니하게도 국제학술대회나 국제학술지에 연구논문을 발표해야 하는 입장이라면 AI Hub의 다른 데이터들보다 외부 Open 데이터가 훨씬 유용할 것입니다.

DATASET **003**

공공데이터
포털

분야	공공데이터
데이터 요약	963개 공공기관으로부터 수집한 데이터를 제공하는 포털
데이터 규모	46,629개의 파일, 7,778개의 API, 9,009개의 표준 데이터셋
데이터 포맷	파일 및 API
라이선스	CC BY
데이터 출처	https://www.data.go.kr/index.do
인용(Citation)	본 저작물은 'OOO(기관명)'에서 'OO년' 작성하여 공공누리 제1유형으로 개방한 '저작물명(작성자:OOO)'을 이용하였으며, 해당 저작물은 'OOO(기관명),OOO(홈페이지주소)'에서 무료로 다운받을 수 있습니다. This project used [데이터셋 이름] (작성명), which was published by [기관명] with KOGL in [년도] at [url]

공공기관이 수집한 데이터를 제공하는 데이터 포털로, 대부분 데이터가 CC BY 및 공공누리 제1유형으로 개방되어 있어 자유로운 상업적 사용이 가능합니다.

과거에 수집된 데이터를 정리해서 제공하는 경우 파일 형태로 데이터를 제공하며, 매일 갱신되는 데이터를 제공하는 경우에는 전용 API를 제공합니다. 이 경우 API를 통해 각 기관의 데이터베이스에 직접 데이터를 요청하게 되는 구조입니다. 데이터를 탑재한 연구개발 및 상품개발이 가능하며, 상품 코드 안에 직접 API 콜 함수를 삽입하고 실행하는 것도 허용됩니다.

단, 데이터를 제공한 주체가 석학이 아니라 행정업무를 보던 사람이라는 사실에 유념해야 합니다. 전처리가 되지 않은 Raw 데이터를 통째로 제공하는 경우도 많으며, 데이터셋을 열어보면 데이터가 네다섯 개밖에 없는 경우도 있습니다. 활용에 앞서 반드시 데이터를 검증해 보기 바랍니다.

API 활용이 가능한 데이터라면, 가급적 API를 활용해 JSON으로 제공받은 데이터를 바로 전처리해 사용하는 것을 권장합니다.

DATASET 004

야후(Yahoo!) 데이터셋

분야	웹 사이언스(Web Science)
데이터 요약	야후 리서치에서 공개하는 데이터셋
데이터 규모	6개 카테고리, 총 59종의 데이터셋
데이터 포맷	–
라이선스	비상업적 연구목적 허용
데이터 출처	https://webscope.sandbox.yahoo.com/#datasets
인용(Citation)	https://webscope.sandbox.yahoo.com/#datasets

야후에서 수집한 웹 사이언스 분야 데이터셋들입니다. 야후에서 직접 연구에 활용하여 논문 작성이나 제품 개발에 활용하는 데이터로, 야후가 웹 사이언스 분야 발전에 기여하기 위하여 무료로 공개한 데이터셋들의 모음입니다. 다양한 데이터가 존재하나 특히 자연어 데이터가 풍부합니다.

YAHOO!

RESEARCH	Research Areas	Datasets	News	Publications	About Us	Follow

Datasets

The Yahoo Webscope Program is a reference library of interesting
and scientifically useful datasets for non-commercial use by
academics and other scientists.

Advertising and Market Data   **Computing Systems Data**   **Language Data**

Competition Data   **Graph and Social Data**   **Ratings and Classification Data**

이 데이터셋을 활용한 흥미로운 연구결과

[1] Ni, Chien-Chun, Kin Sum Liu, and Nicolas Torzec. "Layered graph embedding for entity recommendation using wikipedia in the yahoo! knowledge graph."Companion Proceedings of the Web Conference 2020. 2020.

[2] Lindblad, Maria. "A Comparative Study of the Quality between Formality Style Transfer of Sentences in Swedish and English, leveraging the BERT model." (2021).

[3] Wang, Xiangwen, and Michel Pleimling. "Foraging patterns in online searches." Physical Review E 95.3 (2017): 032145.

[4] Ebesu, Travis, and Yi Fang. "Neural semantic personalized ranking for item cold-start recommendation." Information Retrieval Journal 20.2 (2017): 109-131.

AI, 빅데이터 활용이 쉬워지는
142가지 데이터셋

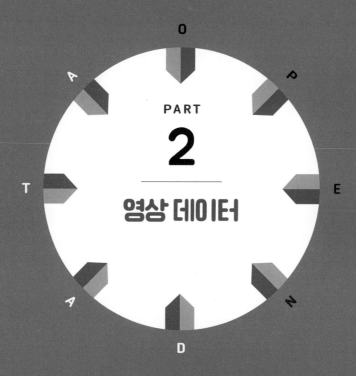

PART

2

영상 데이터

CHAPTER

2

이미지 분류(Image Classification)

DATASET **005**

FGVC
항공기 사진

분야	이미지 분류(Image Classification)
데이터 요약	100여 종의 항공기 기종에 대한 사진 데이터
데이터 규모	1만 장
데이터 포맷	이미지
라이선스	비상업적 연구목적 허용
데이터 출처	https://www.robots.ox.ac.uk/~vgg/data/fgvc-aircraft/
인용(Citation)	Fine-Grained Visual Classification of Aircraft, S. Maji, J. Kannala, E. Rahtu, M. Blaschko, A. Vedaldi, arXiv.org, 2013

항공기 기종 분류를 위한 데이터셋입니다. 여러 종류의 물체들 사이에 섞여 있는 비행기 오브젝트를 찾아내는 과정은 쉽지만, 비슷하게 생긴 비행기들을 분석하여 기종을 알아내는 것은 조금 더 어려운 도전과제입니다. 또한 동일 기종의 항공기라도 항공사에 따라 다른 무늬와 색으로 도색되어 있으므로, 분류 난도는 더더욱 높아집니다.

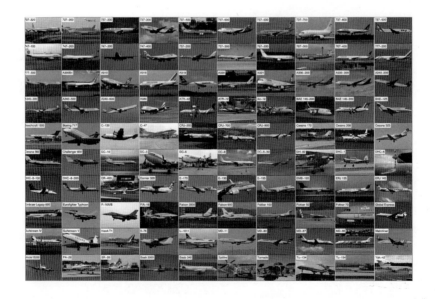

덕분에 CNN의 벤치마크 성능 테스트에 적합한 과제로 인정받아 이 데이터셋은 현재 발표된 650여 편의 논문에서 활용되었습니다.

이 데이터셋을 인용한 흥미로운 연구결과

[1] Lin, Tsung-Yu, Aruni RoyChowdhury, and Subhransu Maji. "Bilinear cnn models for fine-grained visual recognition." Proceedings of the IEEE international conference on computer vision. 2015.

DATASET 006

MNIST
숫자 손 글씨

분야	Image Classification
데이터 요약	0부터 9 사이의 숫자 손 글씨 이미지
데이터 규모	트레이닝 데이터 6만 장, 테스트 데이터 1만 장
데이터 포맷	28×28픽셀 사이즈 이미지를 바이너리 파일로 변환하여 제공
라이선스	CC-BY-SA 3.0
데이터 출처	http://yann.lecun.com/exdb/mnist/
인용(Citation)	Y. LeCun, L. Bottou, Y. Bengio, and P. Haffner. "Gradient-based learning applied to document recognition." Proceedings of the IEEE, 86(11):2278-2324, November 1998.

살아있는 위인인 얀 르쿤(Yann LeCun)이 발표한 유서 깊은 데이터셋으로, 기초적인 분류 문제에 주로 활용되는 데이터입니다. 간단한 구조의 인공신경망으로도 손쉽게 분류가 가능한 데이터이므로, 최근에는 분류보다 데이터 생성 모델에 더욱 활발하게 사용되고 있습니다.

텐서플로, 파이토치(PyTorch) 등 대부분의 딥러닝 프레임워크에 내장되어 제공됩니다.

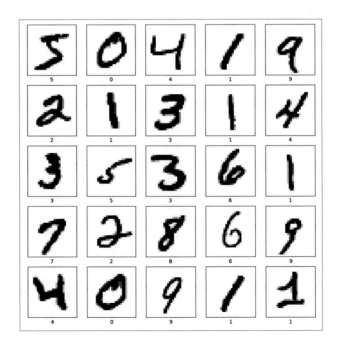

이 데이터셋을 인용한 흥미로운 연구결과

[1] Gregor, Karol, et al. "Draw: A recurrent neural network for image generation." International Conference on Machine Learning. PMLR, 2015.

[2] Schott, Lukas, et al. "Towards the first adversarially robust neural network model on MNIST." arXiv preprint arXiv:1805.09190 (2018).

Fashion MNIST
패션의류

분야	Image Classification
데이터 요약	10종류의 의류 데이터, 패션계의 MNIST를 표방
데이터 규모	트레이닝 데이터 6만 장, 테스트 데이터 1만 장
데이터 포맷	28×28픽셀 사이즈 이미지를 바이너리 포맷으로 제공
라이선스	MIT
데이터 출처	https://github.com/zalandoresearch/fashion-mnist
인용(Citation)	Xiao, Han, Kashif Rasul, and Roland Vollgraf. "Fashion-mnist: a novel image dataset for benchmarking machine learning algorithms." arXiv preprint arXiv:1708.07747 (2017).

패션 분야의 MNIST를 표방하며 발표된 데이터입니다. 총 10개의 카테고리로 구성되어 있으며, TensorFlow, PyTorch 등 대부분의 딥러닝 프레임워크에 내장되어 제공됩니다.

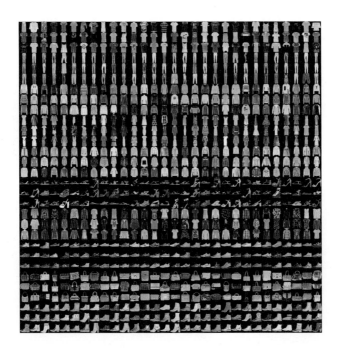

Label	0	1	2	3	4	5	6	7	8	9
설명	티셔츠	여성 정장 바지	스웨터	드레스	코트	샌들	셔츠	스니커즈	가방	발목 부츠

이 데이터셋을 인용한 흥미로운 연구결과

[1] McInnes, Leland, John Healy, and James Melville. "Umap: Uniform manifold approximation and projection for dimension reduction." arXiv preprint arXiv:1802.03426 (2018).

[2] Zhong, Zhun, et al. "Random erasing data augmentation." Proceedings of the AAAI Conference on Artificial Intelligence. Vol. 34. No. 07. 2020.

DATASET 008

Omniglot
알파벳 손 글씨

분야	Image Classification
데이터 요약	알파벳 50종에 대한 손 글씨 작성 과정
데이터 규모	50종의 알파벳, 1,623개의 샘플
데이터 포맷	이미지 파일과 시간의 흐름에 따른 좌표 시퀀스 [x, y, t]
라이선스	MIT
데이터 출처	https://github.com/brendenlake/omniglot/
인용(Citation)	Lake, B. M., Salakhutdinov, R., and Tenenbaum, J. B. (2015). Human-level concept learning through probabilistic program induction. Science, 350(6266), 1332-1338.

사이언스지에 발표된 데이터셋으로, 영어를 포함한 50개의 알파벳에 대한 손 글씨 데이터셋을 제공합니다. 20명의 서로 다른 사람들이 참여하여 손 글씨를 작성하였으며, 시간에 따른 획의 위치 [x, y, t]가 밀리세컨드 단위로 제공됩니다. 이를 통해 각각의 획을 어떤 순서로 기재했는지도 추적 가능합니다.

이 데이터셋을 인용한 흥미로운 연구결과

[1] Chen, Xi, et al. "Infogan: Interpretable representation learning by information maximizing generative adversarial nets." Proceedings of the 30th International Conference on Neural Information Processing Systems. 2016.

[2] Zoph, Barret, and Quoc V. Le. "Neural architecture search with reinforcement learning." arXiv preprint arXiv:1611.01578 (2016).

DATASET 009

Quick, Draw!
손그림

분야	Image Classification
데이터 요약	구글이 수집한 손 그림 데이터셋
데이터 규모	345카테고리, 총 5,000만 개의 이미지
데이터 포맷	[Raw] 시간에 따른 획 좌표 [Processed] 256×256픽셀 이미지 .ndjson 또는 .bin 바이너리 파일 28×28픽셀 흑백 이미지 .npy 파일
라이선스	CC BY 4.0
데이터 출처	https://github.com/googlecreativelab/quickdraw-dataset
인용(Citation)	Jongejan J., Rowley H., Kawashima T., Kim J., & Fox-Gieg N. (2016). The Quick, Draw! – A.I. Experiment. https://quickdraw.withgoogle.com/

Quick, Draw! [1]게임을 통하여 구글이 수집한 손 그림 데이터셋으로, 총 345종류의 카테고리에 대한 그림 데이터입니다. 전체 분량은 5,000만 장가량이며, 추가적인 업데이트를 통하여 규모가 확장될 수 있습니다. 손 그림 분류 문제는 물론 데이터 생성 모델, 알고리즘 개발 등에 널리 활용되고 있습니다.

---

1)   https://quickdraw.withgoogle.com/

이 데이터셋을 인용한 흥미로운 연구결과

[1] Xu, Peng, et al. "Sketchmate: Deep hashing for million-scale human sketch retrieval." Proceedings of the IEEE conference on computer vision and pattern recognition. 2018.

[2] Ha, David, and Douglas Eck. "A neural representation of sketch drawings." arXiv preprint arXiv:1704.03477 (2017).

[3] Lamb, Alex, et al. "Sketchtransfer: A new dataset for exploring detail-invariance and the abstractions learned by deep networks." Proceedings of the IEEE/CVF Winter Conference on Applications of Computer Vision. 2020.

CIFAR-10
실물 오브젝트

분야	Image Classification
데이터 요약	CIFAR-100의 축소 버전
데이터 규모	10개 클래스 6만 장
데이터 포맷	32×32픽셀 사이즈 이미지를 파이썬 Pickle 바이너리로 제공
라이선스	비영리 연구목적 사용 가능
데이터 출처	https://www.cs.toronto.edu/~kriz/cifar.html
인용(Citation)	Krizhevsky, Alex, and Geoffrey Hinton. "Learning multiple layers of features from tiny images." (2009): 7.

총 10개 카테고리에 대한 6만 장의 이미지를 제공합니다. MNIST에 비해 분류 난도가 높은 편으로, 만만해 보이지만 의외로 분류가 잘되지 않는 데이터셋입니다. 덕분에 전 세계 연구자들로부터 벤치마크 테스트 용도로 사랑받고 있습니다.

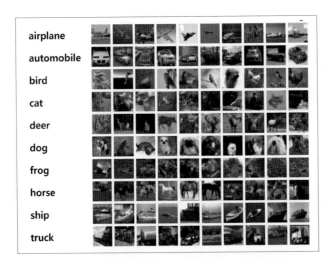

이 데이터셋을 인용한 흥미로운 연구결과

[1] Recht, Benjamin, et al. "Do cifar-10 classifiers generalize to cifar-10?." arXiv preprint arXiv:1806.00451 (2018).

[2] Krizhevsky, Alex, and Geoff Hinton. "Convolutional deep belief networks on cifar-10." Unpublished manuscript 40.7 (2010): 1-9.

DATASET **011**

CIFAR-100
실물 오브젝트

분야	Image Classification
데이터 요약	CIFAR-10의 확장 원본
데이터 규모	100개 클래스(클래스마다 이미지 600장)
데이터 포맷	32×32픽셀 사이즈 이미지를 파이썬 피클(pickle) [2] 바이너리로 제공
라이선스	비영리 연구목적 사용 가능
데이터 출처	https://www.cs.toronto.edu/~kriz/cifar.html
인용(Citation)	Krizhevsky, Alex, and Geoffrey Hinton. "Learning multiple layers of features from tiny images." (2009): 7.

CIFAR-10의 확장 버전으로, 총 100개 카테고리에 대한 6만 장의 이미지를 제공합니다. CIFAR-10과 마찬가지로 전 세계 연구자들로부터 벤치마크 테스트 용도로 사랑받고 있습니다.

Superclass	Classes
aquatic mammals	beaver, dolphin, otter, seal, whale
fish	aquarium fish, flatfish, ray, shark, trout
flowers	orchids, poppies, roses, sunflowers, tulips
food containers	bottles, bowls, cans, cups, plates
fruit and vegetables	apples, mushrooms, oranges, pears, sweet peppers
household electrical devices	clock, computer keyboard, lamp, telephone, television
household furniture	bed, chair, couch, table, wardrobe
insects	bee, beetle, butterfly, caterpillar, cockroach
large carnivores	bear, leopard, lion, tiger, wolf
large man-made outdoor things	bridge, castle, house, road, skyscraper
large natural outdoor scenes	cloud, forest, mountain, plain, sea
large omnivores and herbivores	camel, cattle, chimpanzee, elephant, kangaroo
medium-sized mammals	fox, porcupine, possum, raccoon, skunk
non-insect invertebrates	crab, lobster, snail, spider, worm
people	baby, boy, girl, man, woman
reptiles	crocodile, dinosaur, lizard, snake, turtle
small mammals	hamster, mouse, rabbit, shrew, squirrel
trees	maple, oak, palm, pine, willow
vehicles 1	bicycle, bus, motorcycle, pickup truck, train
vehicles 2	lawn-mower, rocket, streetcar, tank, tractor

---

2) 피클 : 텍스트 상태의 데이터가 아닌, 파이썬 객체 자체를 바이너리 파일로 저장한 것

이 데이터셋을 인용한 흥미로운 연구결과

[1] Xu, Bing, et al. "Empirical evaluation of rectified activations in convolutional network." arXiv preprint arXiv:1505.00853 (2015).

[2] Srivastava, Rupesh Kumar, Klaus Greff, and Jürgen Schmidhuber. "Training very deep networks." arXiv preprint arXiv:1507.06228 (2015).

[3] Wang, Fei, et al. "Residual attention network for image classification." Proceedings of the IEEE conference on computer vision and pattern recognition. 2017.

DATASET 012

CUB-200
조류 사진

분야	Image Classification, Object Detection, Semantic Correspondence
데이터 요약	200종의 조류 사진
데이터 규모	11,788장
데이터 포맷	이미지 파일과 3종류의 Annotation 파일들
라이선스	비영리 연구목적 사용 가능
데이터 출처	http://www.vision.caltech.edu/visipedia/CUB-200-2011.html
인용(Citation)	Wah C., Branson S., Welinder P., Perona P., Belongie S. "The Caltech-UCSD Birds-200-2011 Dataset." Computation & Neural Systems Technical Report, CNS-TR-2011-001.

분류 데이터(classification data)

분류 문제에 활용할 수 있도록 카테고리가 레이블된 200종의 조류 사진입니다.

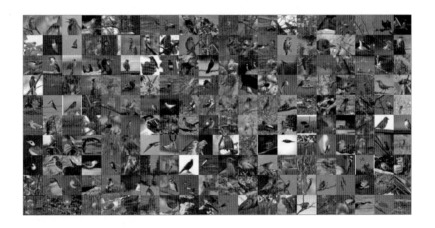

객체 탐지(Object Detection)

아래 그림은 논문에서 소개된 레이블링 과정입니다. 객체 탐지 학습을 위하여 사진 내부에서 새가 위치한 영역에 바운딩 박스가 그려져 있습니다.

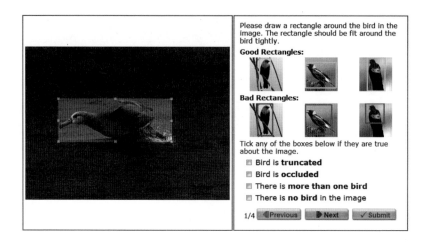

Part Locations

새의 신체 부위 15곳에 대한 레이블 데이터가 제공됩니다. Semantic Correspondence 또는 신체 일부를 찾아내는 과제 수행에 사용할 수 있습니다.

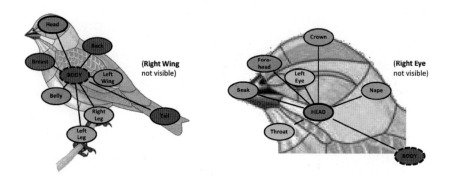

이 데이터셋을 인용한 흥미로운 연구결과

[1] Sharif Razavian, Ali, et al. "CNN features off-the-shelf: an astounding baseline for recognition." Proceedings of the IEEE conference on computer vision and pattern recognition workshops. 2014.

[2] Dai, Jifeng, et al. "R-fcn: Object detection via region-based fully convolutional networks." Advances in neural information processing systems. 2016.

DATASET **013**

SVHN
현실 숫자

분야	Image Classification, OCR
데이터 요약	길거리에서 볼 수 있는 건물 번호를 사진으로 찍은 데이터, 숫자 10클래스
데이터 규모	트레이닝 데이터 73,257장, 테스트 데이터 26,032장, 추가 샘플 531,131장
데이터 포맷	크롭되지 않은 원본 이미지 또는 32×32픽셀 사이즈 크롭 이미지
라이선스	비상업적 사용만 가능
데이터 출처	http://ufldl.stanford.edu/housenumbers/
인용(Citation)	Yuval Netzer, Tao Wang, Adam Coates, Alessandro Bissacco, Bo Wu, Andrew Y. Ng Reading Digits in Natural Images with Unsupervised Feature Learning NIPS Workshop on Deep Learning and Unsupervised Feature Learning 2011.

OCR

크롭되지 않은 원본 사이즈 이미지로, 길거리에서 촬영된 건물 주소 숫자 데이터입니다. 숫자가 위치한 곳에 바운딩 박스가 쳐져 있습니다.

분류(Classification)

이미지의 중심에 숫자 하나가 위치하도록 크롭된 데이터로, 각 사진의 중앙에 있는 숫자로 레이블이 부착되어 있습니다. MNIST와 유사하게 숫자 분류 목적으로 사용할 수 있지만, 여러 장면에서 촬영되었으며 노이즈와 빛 반사가 포함되어 조금 더 난도가 높아졌습니다.

이 데이터셋을 인용한 흥미로운 연구결과

[1] Nalisnick, Eric, et al. "Do deep generative models know what they don't know?." arXiv preprint arXiv:1810.09136 (2018).

[2] Hoffman, Judy, et al. "Cycada: Cycle-consistent adversarial domain adaptation." International conference on machine learning. PMLR, 2018.

DATASET 014

Conflict Stimuli
CNN 일반화

CNN 분류 모델의 학습 결과는 형상보다는 질감의 영향을 받는 경우가 많습니다. 위계적 특징(hierarchical feature)을 쌓아 올리는 과정에서 충분히 추상화가 진행되지 않은 앞 레이어(layer)일수록 질감과 패턴 학습에 치우치기 때문입니다. 이 문제를 해결하기 위해 형상과 상충되는 질감을 가진 이미지들을 만들어, AI의 추론 성능이 조금 더 강건하게(robust) 작동할 수 있도록 학습시키는 용도의 데이터셋입니다.

 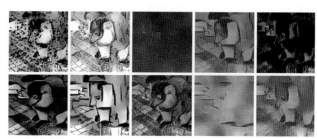

이 데이터셋을 인용한 흥미로운 연구결과

[1] Bochkovskiy, Alexey, Chien-Yao Wang, and Hong-Yuan Mark Liao. "Yolov4: Optimal speed and accuracy of object detection." arXiv preprint arXiv:2004.10934 (2020).

[2] Karras, Tero, et al. "Analyzing and improving the image quality of stylegan." Proceedings of the IEEE/CVF Conference on Computer Vision and Pattern Recognition. 2020.

DATASET 015

iNaturalist
자연 사진

분야	Image Classification
데이터 요약	생물종에 대한 대규모 분류를 위한 데이터셋
데이터 규모	1만 종의 객체 270만여 장
데이터 포맷	이미지
라이선스	MIT
데이터 출처	https://github.com/visipedia/inat_comp
인용(Citation)	Van Horn, Grant, et al. "The iNaturalist species classification and detection dataset." Proceedings of the IEEE conference on computer vision and pattern recognition, 2018.

2017년부터 2021년 현재까지 매년 iNaturalist Competition이 개최되고 있습니다. iNaturalist 데이터셋은 이 컴퍼티션에서 사용되는 자연 이미지 데이터셋으로, 굉장히 큰 규모의 데이터셋입니다.

현재의 세계 최고 수준은 아래 URL로 접속하여 확인할 수 있습니다.

https://www.kaggle.com/c/inaturalist-2021/leaderboard

이 데이터셋을 인용한 흥미로운 연구결과

[1] He, Kaiming, et al. "Momentum contrast for unsupervised visual representation learning." Proceedings of the IEEE/CVF Conference on Computer Vision and Pattern Recognition. 2020.

[2] Cui, Yin, et al. "Class-balanced loss based on effective number of samples." Proceedings of the IEEE/CVF conference on computer vision and pattern recognition. 2019.

So2Sat
인공위성 사진

분야	Image Classification
데이터 요약	2개의 인공위성으로 촬영한 42개 도시와 10개의 추가 지역 (남극 등)
데이터 규모	1만 종의 객체 270만여 장
데이터 포맷	이미지 400,673장
라이선스	CC BY 4.0
데이터 출처	https://mediatum.ub.tum.de/1454690
인용(Citation)	Zhu, Xiao Xiang, et al. "So2Sat LCZ42: A benchmark dataset for global local climate zones classification," arXiv preprint arXiv:1912.12171 (2019).

인공위성으로 촬영된 지면의 사진과, 해당 지역이 어떤 종류의 땅인지 분류한 레이블입니다.

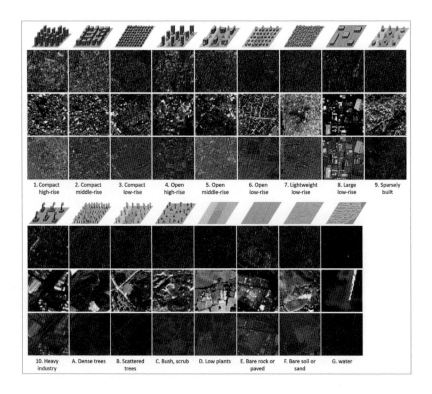

이 데이터셋을 인용한 흥미로운 연구결과

[1] Qiu, Chunping, et al. "Local climate zone-based urban land cover classification from multi-seasonal Sentinel-2 images with a recurrent residual network." ISPRS Journal of Photogrammetry and Remote Sensing 154 (2019): 151-162.

[2] Qiu, Chunping, et al. "A framework for large-scale mapping of human settlement extent from Sentinel-2 images via fully convolutional neural networks." ISPRS Journal of Photogrammetry and Remote Sensing 163 (2020): 152-170.

SI-SCORE
CNN 일반화

분야	Image Classification
데이터 요약	배경 이미지 변화에도 강건하게 작동하는 분류 AI 개발을 위한 데이터셋
데이터 규모	614종의 객체, 62종의 클래스, 867종의 배경
데이터 포맷	이미지
라이선스	Apache 2.0
데이터 출처	https://github.com/google-research/si-score
인용(Citation)	Djolonga, Josip, et al. "On robustness and transferability of convolutional neural networks." Proceedings of the IEEE/CVF Conference on Computer Vision and Pattern Recognition. 2021.

CNN 분류기는 동일한 오브젝트라더라도 배경화면에서 불필요한 정보가 함께 입력된다면 경우 성능이 저하되는 경우가 많습니다. SI-SCORE는 여러 종류의 배경에서도 강건하게 작동하는 AI 개발을 위한 데이터셋입니다.

CO3D
객체 다각도 촬영

분야	Image Classification, 3D Category Reconstruction (3D 범주 재구성)
데이터 요약	여러 물체를 다각도에서 찍은 영상 프레임
데이터 규모	19,000여 개 객체에 대한 다각도 촬영 사진 150만 장, 총 50카테고리
데이터 포맷	이미지 프레임
라이선스	BSD
데이터 출처	https://github.com/facebookresearch/co3d
인용(Citation)	Reizenstein, Jeremy, et al. "Common Objects in 3D: Large-Scale Learning and Evaluation of Real-life 3D Category Reconstruction," arXiv preprint arXiv:2109.00512 (2021).

페이스북에서 공개한 데이터셋으로, 50카테고리의 객체 1만 9천여 개를 다각도에서 촬영한 150만장 규모의 데이터입니다. 단순한 분류 용도로도 사용할 수 있지만, 3D 범주 재구성 분야에서 활용도가 굉장히 뛰어나므로 이 분야 연구 활성화에 크게 기여할 것으로 예상됩니다.

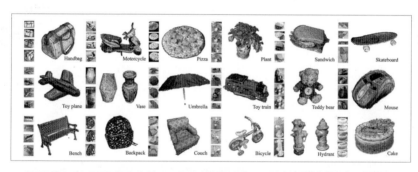

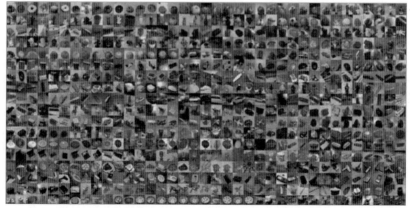

C H A P T E R

3

탐지 및 표지
(Detection and
Segmentation)

COCO
대규모 종합 영상 데이터

분야	Object Detection, Semantic Segmentation, Recognition in Context
데이터 요약	플리커(Flickr)[3] 에서 수집된 이미지에 다양한 레이블 부착하여 제공
데이터 규모	33만여 장의 이미지, 총 6종류의 레이블 제공
데이터 포맷	이미지
라이선스	Flickr License
데이터 출처	https://cocodataset.org/
인용(Citation)	[1] Lin, Tsung-Yi, et al. "Microsoft coco: Common objects in context." European conference on computer vision. Springer, Cham, 2014. [2] Caesar, Holger, Jasper Uijlings, and Vittorio Ferrari. "Coco-stuff: Thing and stuff classes in context." Proceedings of the IEEE conference on computer vision and pattern recognition, 2018.

COCO 데이터셋은 영상 처리 AI 기술 발전의 역사에 크고 굵은 획을 그은 중요한 데이터셋입니다. 방대한 데이터를 처리하다 보니 필연적으로 경계면의 세그멘테이션 품질이 비교적 거칠고 또렷하지 않은 편이지만, 데이터셋의 규모가 굉장히 크고 전 세계적으로 많은 연구자들이 인용하여 활용한 데이터이므로 영상 처리 AI 개발시 벤치마크로 반드시 활용해야 하는 중요한 데이터셋입니다.

COCO Panoptic Segmentation Task

영상 내의 모든 픽셀을 대상으로 한 세그멘테이션 데이터이며, COCO에서 2018년부터 매년 데이터셋을 갱신하면서 전 세계적인 대회를 개최하고 있습니다. 2018년 논문 기준으로 16만 장 이상의 이미지가 제공되고 있으며, 업데이트를 거치며 이미지의 개수가 증가할 수 있습니다.

---

3) 온라인 사진 공유 커뮤니티 사이트(https://www.flickr.com)

COCO Object Detection Task

디텍션 데이터셋임에도 불구하고 바운딩 박스 레이블링이 아닌 픽셀 단위 레이블링을 제공하는, 굉장히 중요한 데이터셋입니다. 80종 이상의 카테고리와 20만 장 이상의 레이블된 이미지가 포함되어 있습니다.

COCO Keypoint Detection Task

키포인트(keypoint)라 부르는, 인체의 주요 뼈대와 그 연결을 예측하는 데이터입니다. 자세인식 작업과 유사한 목적으로 사용할 수 있는 데이터입니다. 자세인식 데이터가 통상적으로 관절보다는 팔, 다리 등의 위치와 움직임에 집중하는 반면, COCO Keypoint Detection Task 데이터셋은 보다 인체의 구조를 세분화하여, 더욱 정교한 인식을 요구합니다. 20만 장 이상의 데이터로 구성되어 있으며, 사진에 찍힌 사람은 25만 명이 넘어갑니다.

COCO Stuff Segmentation Task

일반적으로 디텍션이나 세그멘테이션은 오브젝트 그 자체를 찾아내는 데 집중하지만 COCO Stuff Segmentation Task 데이터셋은 하늘, 벽면, 잔디, 카펫 등 사진에서 주요 객체를 제외한 나머지 물체에 대한 레이블이 되어 있습니다.

세그멘테이션 결과를 원본 이미지에서 빼 주면 까만 바탕에 주요 오브젝트만 남게되므로, 누끼 작업이나 크로마키 작업을 위한 배경 제거 AI 제작 등에 사용할 수 있습니다.

COCO Image Captioning Task

이미지를 입력받아 그 이미지를 잘 설명하는 문장을 생성해내는 Captioning Task에 사용하기 용이한 데이터입니다. 자연어 생성 분야에서도 주목받는 데이터셋입니다.

The man at bat readies to swing at the pitch while the umpire looks on.

A large bus sitting next to a very tall building.

이 데이터셋을 인용한 흥미로운 연구결과

[1] Ren, Shaoqing, et al. "Faster r-cnn: Towards real-time object detection with region proposal networks." Advances in neural information processing systems 28 (2015): 91-99.

[2] He, Kaiming, et al. "Deep residual learning for image recognition." Proceedings of the IEEE conference on computer vision and pattern recognition. 2016.

[3] He, Kaiming, et al. "Mask r-cnn." Proceedings of the IEEE international conference on computer vision. 2017.

[4] Redmon, Joseph, and Ali Farhadi. "YOLO9000: better, faster, stronger." Proceedings of the IEEE conference on computer vision and pattern recognition. 2017.

[5] Badrinarayanan, Vijay, Alex Kendall, and Roberto Cipolla. "Segnet: A deep convolutional encoder-decoder architecture for image segmentation." IEEE transactions on pattern analysis and machine intelligence 39.12 (2017): 2481-2495.

분야	Image Classification, Object Detection, Semantic Segmentation, Visual Relationships, Localized Naratives 등
데이터 요약	구글이 제작한 세계 최대 규모의 영상 데이터셋
데이터 규모	트레이닝 데이터 6만 장, 테스트 데이터 1만 장
데이터 포맷	이미지
라이선스	CC BY 2.0
데이터 출처	https://storage.googleapis.com/openimages/web/factsfigures.html
인용(Citation)	A. Kuznetsova, H. Rom, N. Alldrin, J. Uijlings, I. Krasin, J. Pont-Tuset, S. Kamali, S. Popov, M. Malloci, A. Kolesnikov, T. Duerig, and V. Ferrari. The Open Images Dataset V4: Unified image classification, object detection, and visual relationship detection at scale. IJCV, 2020.

DATASET **020**

Open Image V6
대규모 종합 영상 데이터

Image-Level Labels

대규모 이미지에 사람이 직접 부착한 레이블과 구글의 AI가 부착한 레이블을 추가하여 제작된 데이터셋입니다. 대부분 이미지 라벨링은 구글 내부에서 수행되었고, 일부 데이터는 크라우드소싱을 통해 레이블되었습니다.

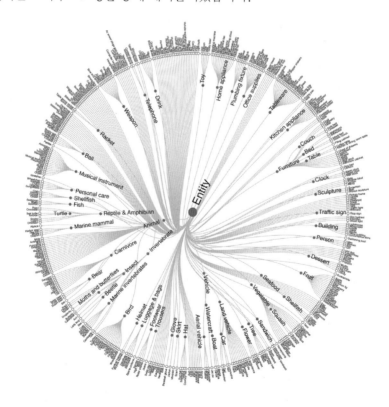

	Train	Validation	Test	# Classes	# Trainable Classes
Images	9,011,219	41,620	125,436	-	-
Machine-Generated Labels	164,819,642	681,179	2,061,177	15,387	9,034
Human-Verified Labels	57,524,352 pos: 19,856,086 neg: 37,668,266	595,339 pos: 367,263 neg: 228,076	1,799,883 pos: 1,110,124 neg: 689,759	19,957	9,605

Bounding Boxes

세계 최대 규모의 바운딩 박스 데이터셋입니다. 구글 측에서는 데이터셋 제작 과정에서 정확도를 높이기 위해 여러 단계의 처리 과정을 거쳤습니다. 따라서 데이터의 신뢰도 또한 다른 데이터셋에 비해 상당히 높은 수준입니다. 사진 한 장에 포함되는 바운딩 박스의 개수도 세계 최대 규모입니다.

	Train	Validation	Test	# Classes
Images	1,743,042	41,620	125,436	-
Boxes	14,610,229	303,980	937,327	600

Visual Relationship

이미지상의 오브젝트들을 관계 트리플렛으로 묶은 데이터 레이블이 제공됩니다.

	Train	Validation	Test	# Distinct relationship triplets	# Classes
Relationship triplets	3,174,291 non-attr: 348,560	27,243 non-attr: 4,951	82,746 non-attr: 14,403	1,466 non-attr: 1,384	288

트리플렛의 구조는 아래와 같습니다.

〈클래스 1, 관계, 클래스 2〉

예시는 아래와 같습니다.

〈woman, **playing**, guitar〉
〈bottle, **on**, table〉
〈window, **part-of**, buildings〉

관계에는 전치사, 동명사는 물론 동사와 동사구까지 다양한 품사가 포함됩니다.

Object Segmentations

	Train	Validation	Test	# Classes
Images	944,037	13,524	40,386	-
Instance masks	2,686,666	24,730	74,102	350

* 본 데이터셋 사용 시 추가로 인용 필요 : R. Benenson, S. Popov, and V. Ferrari. Large-scale interactive object segmentation with human annotators. CVPR, 2019.

Segmentation 데이터를 사용할 때는 위 논문을 추가로 인용해야 합니다. Cityscape 나 COCO에 비해 훨씬 다양한 카테고리에 대한 Segmentation Annotation이 제공 됩니다. COCO에 비해 오브젝트의 경계면의 품질이 훨씬 더 정교하게 레이블링되어 있습니다. 규모 대비 데이터의 품질 측면에서는 세계 최고 수준입니다.

Localized Narratives

Localized Narratives 데이터를 사용할 때는 아래 논문을 추가로 인용해야 합니다.

Image and Trace:	Caption:	Voice:

In the front portion of the picture we can see a dried grass area with dried twigs. There is a woman standing wearing light blue jeans and ash colour long sleeve length shirt. This woman is holding a black jacket in her hand. On the other hand she is holding a balloon which is peach in colour. On the top of the picture we see a clear blue sky with clouds. The hair colour of the woman is brownish.

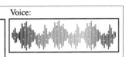

Fig. 1: **Localized Narrative example**: Caption, voice, and mouse trace synchronization represented by a color gradient ▄▄▄▄. The project website [60] contains a visualizer with many live examples.

In this image there are **doughnuts** kept on the **grill**. In the front there is a **white color paper attached to the machine**. On the right side there is a **machine** which is kept on the floor. In the background there are group of people standing near the **table**. On the left side there is a person standing on the **floor**. In the background there is a wall on which there are different types of doughnuts. At the top there are **lights**.

As we can see in the image there is a white color wall, few people here and there and there are food items.

In this picture we can see a **person skiing on ski boards**, in the bottom there is snow, we can see some people standing and **sitting here**, at the bottom there is snow, we can see a flag here.

In this image I can see ground full of snow and on it I can see few people are standing. Here I can see a flag and on it I can see something is written. I can also see something is written over here.

	Train	Validation	Test
Images	504,413	41,620	125,436
Localized narrative annotations	507,444	41,691	126,020

* 본 데이터셋 사용 시 추가로 인용 필요 : J. Pont-Tuset, J. Uijlings, S. Changpinyo, R. Soricut, and V. Ferrari. Connecting Vision and Language with Localized Narratives. ECCV, 2020.

사진과 그에 대한 내러티브 데이터셋입니다. 위 사진과 같이 마우스 커서를 사진 위에서 옮겨다니면서 목소리를 녹음하는 식으로, 사진 안에 있는 오브젝트에 대한 설명을 시간 순서에 따라 구분하며 데이터가 제작되었습니다. 따라서 어떤 문장이 사진 안의 어떤 영역에 해당하는 설명인지를 알 수 있는 데이터입니다.

위 사진의 오른쪽 장면과 같이 마우스 커서 관련 정보가 완전히 삭제된 평문도 제공됩니다.

이 데이터셋을 인용한 흥미로운 연구결과

[1] Liu, Li, et al. "Deep learning for generic object detection: A survey." International journal of computer vision 128.2 (2020): 261-318.

[2] Choe, Junsuk, et al. "Evaluating weakly supervised object localization methods right." Proceedings of the IEEE/CVF Conference on Computer Vision and Pattern Recognition. 2020.

[3] Ku, Alexander, et al. "Room-across-room: Multilingual vision-and-language navigation with dense spatiotemporal grounding." arXiv preprint arXiv:2010.07954 (2020).

[4] Zhang, Han, et al. "Cross-modal contrastive learning for text-to-image generation." Proceedings of the IEEE/CVF Conference on Computer Vision and Pattern Recognition. 2021.

DATASET 021	

Sculuptu-res 6K
조각상 찾기

분야	Object Retrieval, Semantic Segmentation
데이터 요약	플리커에서 수집된 조각상에 바운딩 박스 표지
데이터 규모	영국 조각가 헨리 무어(Henry Moore)의 조각상 10점을 촬영한 6,340장의 이미지
데이터 포맷	이미지
라이선스	Flickr License
데이터 출처	https://www.robots.ox.ac.uk/~vgg/data/sculptures6k/
인용(Citation)	R. Arandjelović, A. Zisserman "Smooth Object Retrieval using a Bag of Boundaries" IEEE International Conference on Computer Vision, 2011

플리커에서 검색한 헨리 무어의 조각상 10점의 사진을 수집하여 바운딩 박스 레이블을 표지한 데이터입니다. Object Detection이 아니라, 바운딩 박스의 도움을 받은 이미지 검색과 세그멘테이션 과제에 활용된 데이터입니다. 동일한 조각상에 대한 다양한 각도의 사진이 포함되어 있으므로 3D Reconstruction 과제에 사용할 수도 있습니다.

이 데이터셋을 인용한 흥미로운 연구결과

[1] Zhdanov, I., et al. "Curvature histogram features for retrieval of images of smooth 3D objects." Journal of Physics: Conference Series. Vol. 536. No. 1. IOP Publishing, 2014.

CHAPTER **3**   탐지 및 표지(Detection and Segmentation)   79

DATASET 022	분야	Image Classification, Object Detection, Semantic Segmentation
	데이터 요약	개와 고양이 사진의 머리 부분 바운딩 박스와 Segmentation Annotation
Oxford-IIIT Pet	데이터 규모	견종 25종, 묘종 12종 총 37카테고리, 전체 7,349장의 이미지
	데이터 포맷	이미지
동물 사진	라이선스	CC BY-SA 4.0
	데이터 출처	https://www.robots.ox.ac.uk/~vgg/data/pets/
	인용(Citation)	O. M. Parkhi, A. Vedaldi, A. Zisserman, C. V. Jawahar "Cats and Dogs" IEEE Conference on Computer Vision and Pattern Recognition, 2012

개와 고양이 사진에 Annotation을 추가한 데이터입니다. Image Classification, Object Detection, Semantic Segmentation 과제에 고루 사용할 수 있는 편리한 데이터입니다. 분류 목적으로 데이터를 활용할 계획이라면 간단한 Augmentation을 적용하여 사용하시는 것을 권장합니다.

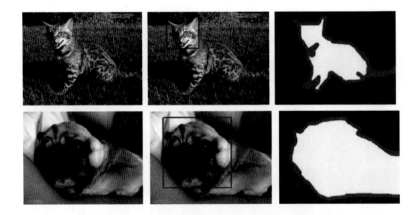

이 데이터셋을 인용한 흥미로운 연구결과

[1] Chen, Ting, et al. "A simple framework for contrastive learning of visual representations." International conference on machine learning. PMLR, 2020.

[2] Tan, Mingxing, and Quoc Le. "Efficientnet: Rethinking model scaling for convolutional neural networks." International Conference on Machine Learning. PMLR, 2019.

Penguin
펭귄 찾기

분야	Object Detection
데이터 요약	남극의 펭귄 CCTV 감시 영상에서 펭귄 찾기
데이터 규모	24,403장
데이터 포맷	이미지
라이선스	CC BY 4.0
데이터 출처	https://www.robots.ox.ac.uk/~vgg/data/penguins
인용(Citation)	C. Arteta, V. Lempitsky, A. Zisserman "Counting in the Wild" European Conference on Computer Vision, 2016

시민들을 위한 과학 연구 플랫폼인 Zooniverse 사이트의 Penguin Watch 프로젝트[4] 영상을 활용한 데이터입니다. 남극의 40여 곳에 설치된 CCTV로부터 펭귄 영상을 수집하고, 크라우드소싱을 통해 수집된 데이터에 레이블을 부착하여 제공하고 있습니다. 적은 수의 클래스를 정밀하게 탐지(detection)하는 과제 수행에 적합한 데이터셋입니다.

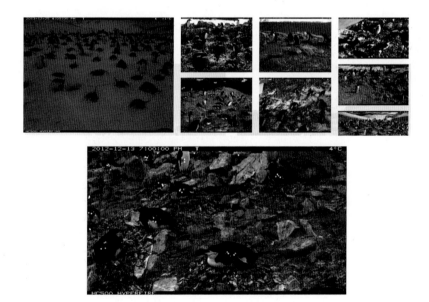

---

4) 참고 : https://www.zooniverse.org/projects/penguintom79/penguin-watch

DATASET 024

DAVIS
비디오 세그멘테이션

분야	Semantic Segmentation
데이터 요약	480p ~ 4K 해상도 세그멘테이션 비디오
데이터 규모	10,731프레임
데이터 포맷	비디오 프레임
라이선스	비영리 연구목적 사용 가능
데이터 출처	https://davischallenge.org/index.html
인용(Citation)	Pont-Tuset, Jordi, et al. "The 2017 davis challenge on video object segmentation." arXiv preprint arXiv:1704.00675 (2017).

DAVIS 데이터셋은 한때 대체재가 없었던, 세계 최고 수준의 데이터셋으로 군림하던 자료입니다. 덕분에 매우 많은 논문이 DAVIS 데이터셋을 인용했고, 벤치마크 성능 비교 목적으로 아직도 널리 사랑받고 있는 데이터셋입니다.

	DAVIS 2016			DAVIS 2017 Unsupervised				Total
	train	val	**Total**	train*	val*	test-dev	test-challenge	
Number of sequences	30	20	**50**	60	30	30	30	**150**
Number of frames	2079	1376	**3455**	4209	1999	2294	2229	**10731**
Mean number of frames per sequence	69.3	68.8	**69.1**	70.2	66.6	76.46	74.3	**71.54**
Number of objects	30	20	**50**	150	66	115	118	**449**
Mean number of objects per sequence	1	1	**1**	2.4	2.2	3.83	3.93	**2.99**

이 데이터셋을 인용한 흥미로운 연구결과

[1] Wang, Qiang, et al. "Fast online object tracking and segmentation: A unifying approach." Proceedings of the IEEE/CVF Conference on Computer Vision and Pattern Recognition. 2019.

[2] Maninis, Kevis-Kokitsi, et al. "Deep extreme cut: From extreme points to object segmentation." Proceedings of the IEEE Conference on Computer Vision and Pattern Recognition. 2018.

4

의미론적 연관성 (Semantic Correspondence)

DATASET 025

Animal Parts
동물 신체부위

분야	Semantic Correspondence
데이터 요약	동물의 눈과 발을 표지한 데이터
데이터 규모	100여 종의 동물 사진 1,500여 장
데이터 포맷	이미지
라이선스	비영리 연구목적 사용 가능
데이터 출처	https://www.robots.ox.ac.uk/~vgg/data/animal_parts/
인용(Citation)	D. Novotny, D. Larlus, A. Vedaldi "I Have Seen Enough: Transferring Parts Across Categories" British Machine Vision Conference, 2016

여러 동물의 눈동자와 발 위치를 표지한 데이터입니다. 서로 다른 동물 종의 동일 부위를 인식시키는 Semantic Correspondence 과제에 사용 가능하며, Object Detection의 응용 과제에도 활용할 수 있습니다.

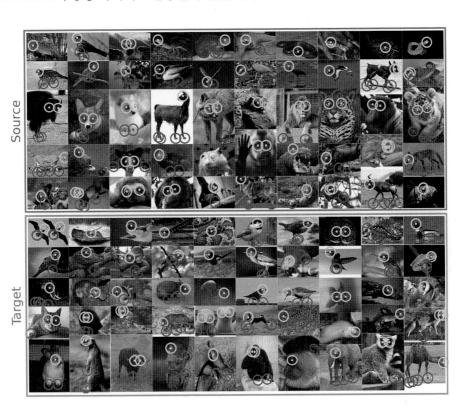

이 데이터셋을 인용한 흥미로운 연구결과

[1] Fong, Ruth C., and Andrea Vedaldi. "Interpretable explanations of black boxes by meaningful perturbation." Proceedings of the IEEE international conference on computer vision. 2017.

분야	Semantic Correspondence
데이터 요약	Semantic Flow 학습을 위한 Keypoint Annotation 데이터셋
데이터 규모	20클래스 1,345장
데이터 포맷	이미지
라이선스	비영리 연구목적 사용 가능
데이터 출처	https://www.di.ens.fr/willow/research/proposalflow/
인용(Citation)	B. Ham, M. Cho, C. Schmid, J. Ponce Proposal Flow: Semantic Correspondences from Object Proposals IEEE Trans. on Pattern Analysis and Machine Intelligence (2017)

DATASET 026

PF-PASCAL
Semantic Flow

Semantic Flow 학습을 위한 데이터셋입니다. 이미지와 키포인트 어노테이션 좌표가 함께 제공됩니다. 별도의 시각화된 레이블 이미지는 제공되지 않습니다. 동일한 사이트에서 PF-WILLOW 데이터셋도 제공됩니다. 이 데이터셋은 규모가 100장밖에 되지 않지만, 많은 논문에서 벤치마크 용도로 인용하고 있으므로 사용을 고려해 볼 가치가 있습니다.

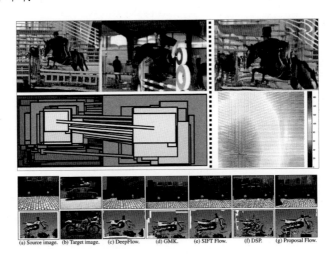

(a) Source image. (b) Target image. (c) DeepFlow. (d) GMK. (e) SIFT Flow. (f) DSP. (g) Proposal Flow.

이 데이터셋을 인용한 흥미로운 연구결과

[1] Rocco, Ignacio, Relja Arandjelovic, and Josef Sivic. "Convolutional neural network architecture for geometric matching." Proceedings of the IEEE conference on computer vision and pattern recognition. 2017.

DATASET 027

SPair-71k
Semantic Correspondence

분야	Semantic Correspondence
데이터 요약	18 클래스, 3~30 Keypoint Segmentation 데이터
데이터 규모	70,958장
데이터 포맷	이미지
라이선스	비영리 연구목적 사용 가능
데이터 출처	http://cvlab.postech.ac.kr/research/SPair-71k/
인용(Citation)	Min, Juhong, et al. "Spair-71k: A large-scale benchmark for semantic correspondence." arXiv preprint arXiv:1908.10543(2019).

다른 데이터셋에 비해 규모가 압도적으로 거대하여 Semantic Correspondence 분야 연구 시 벤치마크 성능 비교용으로 반드시 고려할 필요가 있는 중요한 데이터셋입니다. 논문이 발표되던 시점인 2019년 기준으로, 당시 세계 최대 규모였던 Animal Parts 데이터셋 대비 규모가 10배 이상 커서 화제가 되었습니다.

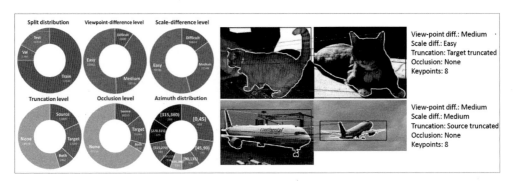

Type	View-point diff.			Scale diff.			Truncation diff.				Occlusion diff.			
	easy	medi	hard	easy	medi	hard	none	src	tgt	both	none	src	tgt	both
Train	26,466	21,646	5,228	29,248	16,184	7,908	29,184	9,796	9,796	4,564	35,330	7,737	7,737	2,536
Val	2,862	2,016	506	2,880	1,570	934	2,744	1,047	1,047	546	3,760	722	722	180
Test	6,654	4,474	1,106	6,458	3,794	1,982	7,050	2,166	2,166	852	8,166	1,806	1,806	456
All	35,982	28,136	6,840	38,586	21,548	10,824	38,978	13,009	13,009	5,962	47,256	10,265	10,265	3,172

이 데이터셋을 인용한 흥미로운 연구결과

[1] Rolínek, Michal, et al. "Deep graph matching via blackbox differentiation of combinatorial solvers." European Conference on Computer Vision. Springer, Cham, 2020.

[2] Chen, Yun-Chun, et al. "Show, match and segment: joint weakly supervised learning of semantic matching and object co-segmentation." IEEE transactions on pattern analysis and machine intelligence (2020).

[3] Liu, Yanbin, et al. "Semantic correspondence as an optimal transport problem." Proceedings of the IEEE/CVF Conference on Computer Vision and Pattern Recognition. 2020.

DATASET **028**

TTS
Semantic
Correspondence

분야	Semantic Correspondence
데이터 요약	자동차, 항공기, 자전거, 오토바이, 버스, 기차 등 클래스 데이터
데이터 규모	400여 장
데이터 포맷	이미지
라이선스	정의되지 않음
데이터 출처	https://taniai.space/projects/cvpr16_dccs
인용(Citation)	Taniai, Tatsunori, Sudipta N. Sinha, and Yoichi Sato. "Joint recovery of dense correspondence and cosegmentation in two images." Proceedings of the IEEE conference on computer vision and pattern recognition. 2016.

Semantic Correspondence와 Cosegmentation 분야 연구를 위한 데이터셋입니다. 훨씬 규모가 큰 데이터셋도 여러 건이 발표되었지만, 아직도 많은 논문에서 벤치마크 용도로 인용하고 있는 데이터셋이므로 성능 과시 목적의 벤치마크 용도로 사용을 고려할 가치가 있습니다.

이 데이터셋을 인용한 흥미로운 연구결과

[1] Kim, Seungryong, et al. "Fcss: Fully convolutional self-similarity for dense semantic correspondence." Proceedings of the IEEE conference on computer vision and pattern recognition. 2017.

[2] Ham, Bumsub, et al. "Proposal flow: Semantic correspondences from object proposals." IEEE transactions on pattern analysis and machine intelligence 40.7 (2017): 1711-1725.

5

안면인식
(Human Face Recognition)

DATASET **029**

FairFace
다인종 얼굴

분야	Face Recognition
데이터 요약	성별, 인종, 연령이 골고루 섞인 얼굴 데이터셋. 총 7종류 인종 제공
데이터 규모	108,501장
데이터 포맷	이미지
라이선스	CC BY 4.0
데이터 출처	https://github.com/joojs/fairface
인용(Citation)	Karkkainen, K., & Joo, J. (2021). FairFace: Face Attribute Dataset for Balanced Race, Gender, and Age for Bias Measurement and Mitigation. In Proceedings of the IEEE/CVF Winter Conference on Applications of Computer Vision (pp. 1548–1558).

최근 발표되며 화제를 일으킨 데이터셋으로, 총 7종류 인종과 성별, 나이대가 골고루 섞인 대규모 얼굴 데이터셋입니다. 기존의 데이터셋은 대부분 백인 비중이 높아 다른 문화권에서 사용하기에 곤란한 부분이 있었지만, FairFace에서는 데이터의 편향이 크게 감소되어 강건하게 작동하는 고성능 AI를 제작하기 용이합니다. 연령대 또한 고루 섞여 있어 어린이나 노인의 얼굴 인식 작업도 수행 가능합니다.

이 데이터셋을 인용한 흥미로운 연구결과

[1] Balakrishnan, Guha, et al. "Towards Causal Benchmarking of Biasin Face Analysis Algorithms." Deep Learning-Based Face Analytics. Springer, Cham, 2021. 327-359.

DATASET 030

CelebA
유명인 얼굴

분야	Face Recognition
데이터 요약	유명인사의 얼굴을 모아둔 데이터셋
데이터 규모	10,117명의 인물, 202,599장의 사진
데이터 포맷	이미지
라이선스	비상업적 목적만 허용
데이터 출처	http://mmlab.ie.cuhk.edu.hk/projects/CelebA.html
인용(Citation)	Liu, Ziwei, et al. "Deep learning face attributes in the wild." Proceedings of the IEEE international conference on computer vision. 2015.

유명인사가 찍힌 얼굴 이미지를 대량으로 수집한 데이터셋으로, 규모가 굉장히 크기 때문에 다양한 얼굴인식 과제에서 널리 인용되고 있습니다. 데이터셋을 제작한 MMLAB에서는 이외에도 유명인사들의 얼굴을 활용한 다양한 데이터셋을 제공하고 있습니다.

GAN을 활용해 이 데이터셋의 내용물을 고화질로 변형시킨 이미지가 아래 URL에서 제공되고 있습니다.

https://github.com/tkarras/progressive_growing_of_gans

이 데이터셋을 인용한 흥미로운 연구결과

[1] Nirkin, Yuval, Yosi Keller, and Tal Hassner. "Fsgan: Subject agnostic face swapping and reenactment." Proceedings of the IEEE/CVF international conference on computer vision. 2019.

CelebA
Mask-HQ
얼굴 조작

분야	Face Recognition, Face Generation, Face Segmentation
데이터 요약	CelebA 데이터셋에서 일부를 추출하여 이목구비 등을 세그멘테이션한 데이터
데이터 규모	30,000장
데이터 포맷	이미지
라이선스	비상업적 연구 및 교육 목적으로만 허가
데이터 출처	https://github.com/switchablenorms/CelebAMask-HQ
인용(Citation)	Lee, Cheng-Han, et al. "MaskGan: Towards diverse and interactive facial image manipulation." Proceedings of the IEEE/CVF Conference on Computer Vision and Pattern Recognition. 2020.

얼굴의 각 부위와 장신구를 세그멘테이션한 데이터입니다. 얼굴의 이목구비를 마음대로 조작하거나, 안경이나 귀걸이 같은 액세서리를 추가하는 등 놀라운 성능을 보여준 MaskGan에서 사용된 데이터셋입니다. 특히 얼굴 이미지 생성 분야에서 널리 사랑받고 있습니다. 데이터의 본래 형태는 어노테이션 셰이프로, 이목구비의 세그멘테이션 과제에 사용할 수도 있습니다.

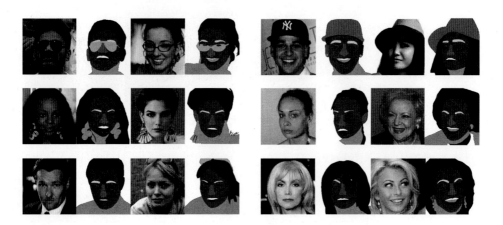

이 데이터셋을 인용한 흥미로운 연구결과

[1] Zhu, Peihao, et al. "Sean: Image synthesis with semantic region-adaptive normalization." Proceedings of the IEEE/CVF Conference on Computer Vision and Pattern Recognition. 2020.

[2] Albiero, Vitor, et al. "Analysis of gender inequality in face recognition accuracy." Proceedings of the IEEE/CVF Winter Conference on Applications of Computer Vision Workshops. 2020.

AFLW
얼굴 3차원 정보

분야	Face Alignment
데이터 요약	얼굴에 총 68개의 포인트를 태깅한 3차원 위치 정보 데이터
데이터 규모	2,000장
데이터 포맷	이미지
라이선스	비영리 연구목적 사용 가능
데이터 출처	http://www.cbsr.ia.ac.cn/users/xiangyuzhu/projects/3DDFA/main.htm
인용(Citation)	Zhu, Xiangyu, et al. "Face alignment across large poses: A 3d solution." Proceedings of the IEEE conference on computer vision and pattern recognition. 2016.

Face Alignment(얼굴 정렬) 학습을 위한 데이터셋으로, 3차원 각도 정보를 고려한 Face Generation(얼굴 생성) 분야에서의 학습을 위한 데이터입니다. 동일한 각도와 동일한 표정의 다른 인물 얼굴을 생성하는 등의 과제에 사용할 수 있습니다.

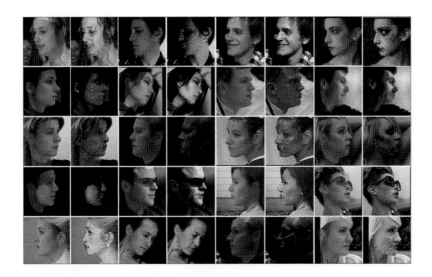

이 데이터셋을 인용한 흥미로운 연구결과

[1] Ranjan, Rajeev, Vishal M. Patel, and Rama Chellappa. "Hyperface: A deep multi-task learning framework for face detection, landmark localization, pose estimation, and gender recognition." IEEE transactions on pattern analysis and machine intelligence 41.1 (2017): 121-135.

DATASET 033	분야	Face Alignment
LS3D-W	데이터 요약	얼굴의 3차원 정보를 태깅한 데이터셋
얼굴 3차원 정보	데이터 규모	230,000장
	데이터 포맷	이미지
	라이선스	비영리 연구목적 사용 가능
	데이터 출처	https://www.adrianbulat.com/face-alignment
	인용(Citation)	Bulat, Adrian, and Georgios Tzimiropoulos. "How far are we from solving the 2d & 3d face alignment problem?(and a dataset of 230,000 3d facial landmarks)." Proceedings of the IEEE International Conference on Computer Vision. 2017.

Face Alginment 과제 수행을 위한 최대 규모의 데이터셋입니다. 데이터를 수령하려면 논문 저자의 홈페이지에서 이메일 주소를 입력하여 신청서를 작성해야 합니다.

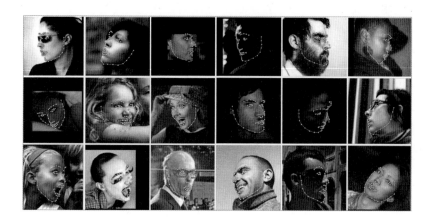

이 데이터셋을 인용한 흥미로운 연구결과

[1] Bulat, Adrian, and Georgios Tzimiropoulos. "Super-fan: Integrated facial landmark localization and super-resolution of real-world low resolution faces in arbitrary poses with gans." Proceedings of the IEEE Conference on Computer Vision and Pattern Recognition. 2018.

[2] Yi, Hongwei, et al. "Mmface: A multi-metric regression network for unconstrained face reconstruction." Proceedings of the IEEE/CVF Conference on Computer Vision and Pattern Recognition. 2019.

DATASET 034

VGG-Face2
얼굴 인식

분야	Face Recognition
데이터 요약	VGG-Face 데이터셋의 후속작
데이터 규모	9,131명의 사진 311만 장
데이터 포맷	이미지
라이선스	비영리 목적 연구만 가능
데이터 출처	https://github.com/ox-vgg/vgg_face2
인용(Citation)	VGGFace2: A dataset for recognising faces across pose and age, Q. Cao, L. Shen, W. Xie, O. M. Parkhi, A. Zisserman, In FG 2018.

논문의 저자들이 2015년에 발표한 VGG-Face 데이터셋의 후속작으로, 규모가 더욱 증가한 것이 특징입니다. 다양한 논문에서 벤치마크 데이터셋으로 활발하게 인용되었습니다. 덕분에 성능 비교에 활용하기 쉬워 최근까지도 많은 논문에서 인용되고 있는 데이터셋입니다.

이 데이터셋을 인용한 흥미로운 연구결과

[1] Meng, Qiang, et al. "Magface: A universal representation for face recognition and quality assessment." Proceedings of the IEEE/CVF Conference on Computer Vision and Pattern Recognition. 2021.

[2] Bulat, Adrian, Jing Yang, and Georgios Tzimiropoulos. "To learn image super-resolution, use a gan to learn how to do image degradation first." Proceedings of the European conference on computer vision (ECCV). 2018.

[3] Wang, Kai, et al. "Region attention networks for pose and occlusion robust facial expression recognition." IEEE Transactions on Image Processing 29 (2020): 4057-4069.

Celebrity Together
얼굴 인식

분야	Face Recognition
데이터 요약	동시에 여러 명의 연예인이 찍힌 사진들과 각 사진에 대한 멀티 레이블
데이터 규모	19만 4천 장의 이미지, 54만 6천 개의 얼굴 오브젝트, 2,622명의 레이블된 인물들
데이터 포맷	이미지
라이선스	비영리 연구목적 사용 가능
데이터 출처	https://www.robots.ox.ac.uk/~vgg/data/celebrity_together/
인용(Citation)	Y. Zhong, R. Arandjelović, A. Zisserman Compact Deep Aggregation for Set Retrieval Workshop on Compact and Efficient Feature Representation and Learning in Computer Vision, ECCV, 2018.

여러 명의 연예인이 함께 찍힌 사진을 수집한 데이터셋입니다. ECCV 2018 학회에서 Best Paper Award를 수상한 논문입니다. 데이터셋의 퀄리티에 비해 피인용 수는 4회밖에 되지 않습니다. 논문은 역시 큰 학회에서 발표해야 합니다.

이 데이터셋을 활용한 흥미로운 연구결과

[1] Nazir, Sajid, et al. "Person Detection with Deep Learning and IoT for Smart Home Security on Amazon Cloud." The International Conference on Electrical, Computer, Communications and Mechatronics Engineering 2021. IEEE, 2021.

DATASET 036
Celebrity in Place
인물과 장소 동시 인식

분야	Face Recognition, Place Recognition
데이터 요약	다양한 장소에서 촬영된 유명인 사진
데이터 규모	4,611 인물, 16 장소, 36,000여 장의 이미지
데이터 포맷	이미지
라이선스	비영리 연구목적 사용 가능
데이터 출처	https://www.robots.ox.ac.uk/~vgg/data/celebrity_in_places/
인용(Citation)	Zhong, Yujie, Relja Arandjelović, and Andrew Zisserman. "Faces in places: Compound query retrieval." BMVC-27th British Machine Vision Conference. 2016.

다양한 유명인사들이 다양한 장소에서 촬영된 사진들입니다. 원(原) 논문에서는 얼굴 인식이나 변형 뿐 아니라, 유명인과 장소를 동시에 검색하는 기술을 선보였습니다. 예를 들면 '보트를 탄 엠마 왓슨' 등의 이미지 검색을 가능하게 하는 기술을 본 데이터셋으로 구현한 것이지요.

이 데이터셋을 활용한 흥미로운 연구결과

[1] Elmahmudi, Ali, and Hassan Ugail. "Deep face recognition using imperfect facial data." Future Generation Computer Systems 99 (2019): 213-225.

CHAPTER

6

자세인식
(Human Pose
Estimation)

DATASET 037

분야	Gesture Recognition
데이터 요약	사람 손을 사각형으로 표지한 데이터
데이터 규모	13,000여 장
데이터 포맷	이미지
라이선스	비영리 연구목적 사용 가능
데이터 출처	https://www.robots.ox.ac.uk/~vgg/data/hands/
인용(Citation)	A. Mittal, A. Zisserman, P. H. S. Torr "Hand detection using multiple proposals" British Machine Vision Conference, 2011

Hand Dataset
사람 손

이미지 내부에 사람 손이 포함되어 있는지 찾아내어 사각형으로 표지한 데이터셋입니다. 최근에 사용되는 Object Detection 셋은 지면과 수직-수평 방향으로 그려진 직사각형 바운딩 박스를 사용하지만, 이 데이터셋에 사용된 바운딩 박스는 지면과 수평하지 않고 손의 방향에 따라 기울어져 있습니다. 손의 각도와 위치 등으로부터 몸짓을 추론할 수 있기 때문입니다.

이 데이터셋을 활용한 흥미로운 연구결과

[1] Zuffi, Silvia, et al. "Estimating human pose with flowing puppets." proceedings of the IEEE International Conference on Computer Vision. 2013.

분야	Human Pose Estimation
데이터 요약	특정 TV 드라마의 인물 스냅샷과 포즈 레이블
데이터 규모	에피소드 2~6, 총 5개 에피소드 스냅샷
데이터 포맷	이미지
라이선스	비영리 연구목적 사용 가능
데이터 출처	https://www.robots.ox.ac.uk/~vgg/data/buffy_pose_classes/
인용(Citation)	A. Mittal, A. Zisserman, P. H. S. Torr "Hand detection using multiple proposals" British Machine Vision Conference, 2011

DATASET 038

Buffy Pose
특정 포즈 인식

높은 평가를 받았던 미국 드라마 〈Buffy the Vampire Slayer〉의 장면들을 추출하여, 등장인물들의 포즈에 따라 레이블링해둔 데이터셋입니다. 별도의 Stickman Annotation[5] 등이 없이 텍스트(txt) 형태의 레이블이 제공됩니다.

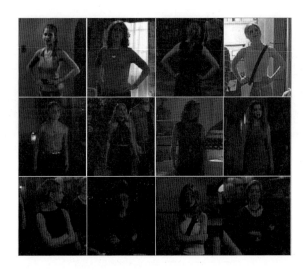

이 데이터셋을 활용한 흥미로운 연구결과

[1] Chen, Xianjie, and Alan Yuille. "Articulated pose estimation by a graphical model with image dependent pairwise relations." arXiv preprint arXiv:1407.3399 (2014).

---

5) 인체의 사지를 막대기 형태로 표현한 그림

Buffy
Stickman
자세인식

분야	Human Pose Estimation
데이터 요약	특정 미국 드라마의 장면에 Stickman Annotation을 추가한 데이터
데이터 규모	748장면
데이터 포맷	이미지
라이선스	비영리 연구목적 사용 가능
데이터 출처	https://www.robots.ox.ac.uk/%7Evgg/data/stickmen/index.html
인용(Citation)	Ferrari, V., Marin-Jimenez, M. and Zisserman, A. "Progressive Search Space Reduction for Human Pose Estimation" Proceedings of the IEEE Conference on Computer Vision and Pattern Recognition (2008)

038. Buffy Pose 데이터셋에서 한 단계 발전하여, Stickman Annotation이 추가된 데이터셋입니다. 오래된 데이터셋이지만 의외로 클래스 분포가 고르고 균등하여 AI 학습에 활용하기 적합합니다.

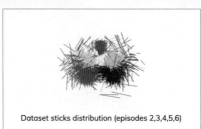

Dataset sticks distribution (episodes 2,3,4,5,6)

이 데이터셋을 활용한 흥미로운 연구결과

[1] Ukita, Norimichi. "Articulated pose estimation with parts connectivity using discriminative local oriented contours." 2012 IEEE Conference on Computer Vision and Pattern Recognition. IEEE, 2012.

DATASET 040	분야	Human Pose Estimation
VGG HPE 자세인식	데이터 요약	유튜브, BBC 영상 등으로부터 수집된 인물들의 다양한 자세와 레이블
	데이터 규모	약 1,000만 장가량의 프레임
	데이터 포맷	비디오 프레임
	라이선스	비영리 연구목적 사용 가능
	데이터 출처	https://www.robots.ox.ac.uk/~vgg/data/pose/
	인용(Citation)	J. Charles, T. Pfister, D. Magee, D. Hogg, A. Zisserman "Personalizing Human Video Pose Estimation" Computer Vision and Pattern Recognition, 2016

유튜브와 BBC 영상 등을 수집하여 포즈를 레이블된 데이터셋입니다. 대량의 영상을 수집하여 레이블링한 귀한 데이터셋으로, Stickman Annotation을 기반으로 학습된 AI의 성능을 평가하는 용도로 사용하기 좋습니다.

Training set   Validation set   Testing set

이 데이터셋을 활용한 흥미로운 연구결과

[1] Liu, Hongyi, et al. "A context-aware safety system for human-robot collaboration." Procedia Manufacturing 17 (2018): 238-245.

[2] Khan, Saddam Hussain, et al. "PASSENGER DETECTION AND COUNTING FOR PUBLIC TRANSPORT SYSTEM." NED University Journal of Research 17.2 (2020).

분야	Human Pose Estimation
데이터 요약	수화 인식을 위한 데이터셋
데이터 규모	6,000프레임
데이터 포맷	이미지
라이선스	비영리 연구목적 사용 가능
데이터 출처	https://www.robots.ox.ac.uk/~vgg/data/sign_language/
인용(Citation)	P. Buehler, M. Everingham, D.P. Huttenlocher and A. Zisserman "Long Term Arm and Hand Tracking for Continuous Sign Language TV Broadcasts" Proceedings of the British Machine Vision Conference (2008)

DATASET 041

Sign Language Pose
수화인식

수화 자세의 인식을 위한 데이터셋으로, 수화에서 가장 중요한 양팔 부분이 세그멘테이션된 데이터셋입니다. 양팔의 상완, 하완, 손 3개 부위와 그 외 영역을 포함하여 총 7개의 클래스로 구분된 데이터입니다. 총 6,000프레임 중 296프레임에 대한 세그멘테이션 레이블이 제공됩니다.

DATASET 042	

LSP
스포츠 포즈

분야	Human Pose Estimation
데이터 요약	스포츠 종목별 자세 데이터셋과 Stickman Annotation
데이터 규모	2,000장
데이터 포맷	이미지
라이선스	비영리 연구목적 사용 가능
데이터 출처	http://sam.johnson.io/research/lsp.html
인용(Citation)	Sam Johnson and Mark Everingham "Clustered Pose and Nonlinear Appearance Models for Human Pose Estimation" In Proceedings of the 21st British Machine Vision Conference (BMVC2010)

다양한 인물의 자세를 Stickman Annotation으로 레이블한 것은 물론, 스포츠 종목
별로 이를 구분해놓은 유용한 데이터셋입니다. 트레이닝 및 벤치마크 용도로 매우
유용하여 아주 많은 연구자로부터 사랑받고 있습니다.

이 데이터셋을 활용한 흥미로운 연구결과

[1] Newell, Alejandro, Kaiyu Yang, and Jia Deng. "Stacked hourglass networks for human pose estimation." European conference on computer vision. Springer, Cham, 2016.

[2] Toshev, Alexander, and Christian Szegedy. "Deeppose: Human pose estimation via deep neural networks." Proceedings of the IEEE conference on computer vision and pattern recognition. 2014.

[3] Andriluka, Mykhaylo, et al. "2d human pose estimation: New benchmark and state of the art analysis." Proceedings of the IEEE Conference on computer Vision and Pattern Recognition. 2014.

DATASET 043

MPI-INF-3DHP
자세 추론

분야	3D Pose Estimation
데이터 요약	3차원 자세 추론을 위한 입체 데이터셋
데이터 규모	130만여 장
데이터 포맷	이미지
라이선스	비영리 연구목적 사용 가능
데이터 출처	https://vcai.mpi-inf.mpg.de/3dhp-dataset/
인용(Citation)	Mehta, Dushyant, et al. "Monocular 3d human pose estimation in the wild using improved cnn supervision." 2017 international conference on 3D vision (3DV). IEEE, 2017.

2차원 사진을 분석하여 인체의 포즈를 3차원적으로 추론하는 과제 수행을 위하여 제작된 데이터셋입니다. 배우를 고용하여 그린스크린(크로마키) 스튜디오에서 사진을 촬영하고, 다양한 배경을 합성하여 증강(augmentation)까지 시켰습니다.

입력물은 2차원이지만 출력 결과물이 3차원이므로 디멘션이 커지는 방향으로 AI를 제작하여 end-to-end 학습[6]을 수행해야 할 것으로 생각됩니다만, 각 파트의 시작 좌표와 종료 좌표를 학습시키는 방식으로 오히려 최종 레이어를 FNN 형태로 마무리하는 전략도 사용 가능합니다.

이 데이터셋을 활용한 흥미로운 연구결과

[1] Kanazawa, Angjoo, et al. "End-to-end recovery of human shape and pose." Proceedings of the IEEE conference on computer vision and pattern recognition. 2018.

---

6)   입력부터 출력까지 한 개의 파이프라인 스트림으로 처리하는 학습 기법

DATASET **044**

Human 3.6M
대규모 인체 데이터

분야	Human Pose Estimation
데이터 요약	실존인물 사진과 후처리된 데이터들, 3D 모델링 등
데이터 규모	360만 장가량
데이터 포맷	이미지
라이선스	학술목적 사용만 가능
데이터 출처	http://vision.imar.ro/human3.6m/description.php
인용(Citation)	Ionescu, Catalin, et al. "Human3. 6m: Large scale datasets and predictive methods for 3d human sensing in natural environments." IEEE transactions on pattern analysis and machine intelligence 36.7 (2013): 1325–1339.

11명의 배우를 고용하여 스튜디오에서 촬영된 이미지를 바탕으로 제작된 데이터셋입니다. 실제 이미지와 실루엣, 깊이 정보, 3D 모델링이 제공됩니다. 뿐만 아니라 3D 모델링 데이터를 기반으로 현실세계 이미지에 증강된(augmented) 대량의 데이터도 제공됩니다.

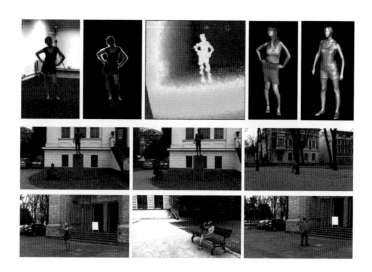

이 데이터셋을 활용한 흥미로운 연구결과

[1] Kocabas, Muhammed, Nikos Athanasiou, and Michael J. Black. "Vibe: Video inference for human body pose and shape estimation." Proceedings of the IEEE/CVF Conference on Computer Vision and Pattern Recognition. 2020.

DATASET 045

3DPW
3D 자세 추론

분야	Human Pose Estimation
데이터 요약	카메라를 이동시키며 야외에서 촬영된 데이터셋
데이터 규모	51,000프레임
데이터 포맷	비디오
라이선스	비영리 연구목적 사용 가능
데이터 출처	https://virtualhumans.mpi-inf.mpg.de/3DPW/
인용(Citation)	T von Marcard, Timo, et al. "Recovering accurate 3d human pose in the wild using imus and a moving camera." Proceedings of the European Conference on Computer Vision (ECCV). 2018. APA

스틱맨(stickman)이 아니라 훨씬 정밀한 수준의 3D 모델을 제공해주는 데이터셋입니다. 데이터셋 뿐만 아니라 저자들이 제안한 방법론 또한 인상적입니다. 최근의 AI 연구가 지향하는 바를 단편적으로 보여주는 데이터셋이기도 합니다.

단순히 포즈의 종류를 맞히거나 Stickman Annotation을 하는 데에서 그치지 않고, end-to-end로 가상의 인간을 모델링하는 분야까지 패러다임이 많이 발전되었습니다.

이 데이터셋을 활용한 흥미로운 연구결과

[1] Kolotouros, Nikos, et al. "Learning to reconstruct 3D human pose and shape via model-fitting in the loop." Proceedings of the IEEE/CVF International Conference on Computer Vision. 2019.

[2] Kanazawa, Angjoo, et al. "Learning 3d human dynamics from video." Proceedings of the IEEE/CVF Conference on Computer Vision and Pattern Recognition. 2019.

7

자율주행
(Autonomous
Driving)

DATASET **046**

BDD100K
대규모 자율주행
데이터

분야	자율주행(Autonomous Driving)
데이터 요약	전 세계에서 가장 거대한 자율주행 데이터셋
데이터 규모	10만 개의 비디오(1,000 시간 분량, 1억 프레임 이상)
데이터 포맷	비디오, GPS/IMU, 이미지
라이선스	BSD 3-Clause
데이터 출처	https://www.bdd100k.com
인용(Citation)	Yu, Fisher, et al. "Bdd100k: A diverse driving dataset for heterogeneous multitask learning." Proceedings of the IEEE/CVF conference on computer vision and pattern recognition. 2020.

1억 프레임 이상의 자율주행 데이터, 상업적 사용 가능, 완전 무료. 더 이상의 수식어가 필요하지 않은 최고의 자율주행 데이터셋입니다. KITTI와 달리 단일 레퍼런스로부터 제공되는 다량의 데이터입니다.

Object Detection

10만 장의 이미지, 총 180만 개의 오브젝트로 구성된 2D Object Detection 데이터입니다.

Instance Segmentation

1만 장의 이미지, 총 12만 개의 오브젝트로 구성된 Instance Segmentation 데이터입니다.

Semantic Segmentation

1만 장의 이미지, 40개의 클래스로 구성된 Semantic Segmentation 데이터입니다.

Drivable Area

10만 장의 이미지, 8개의 카테고리로 구성된 데이터셋으로, 운전 가능한 영역을 찾아내는 과제입니다.

Box Track

2,000개의 비디오 시퀀스, 16만 개의 인스턴스, 4백만 개의 오브젝트로 구성된 Object Tracking 데이터셋입니다.

Segmentation Tracking

223개의 비디오 시퀀스, 2만 5천 개의 인스턴스, 48만 개의 마스크로 구성된 Segmentation Tracking 데이터셋입니다.

Image Tagging

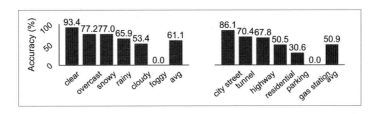

각각의 이미지에 날씨와 주변 풍경을 레이블링한 태깅 데이터입니다. 추가로 영상이 촬영된 시간대에 대한 정보도 제공됩니다.

Lane Marking

10만 장의 이미지와 8개 카테고리로 구성된 차선(lane marking) 데이터셋입니다.

이 데이터셋을 활용한 흥미로운 연구결과

[1] Hou, Yuenan, et al. "Learning lightweight lane detection cnns by self attention distillation." Proceedings of the IEEE/CVF international conference on computer vision. 2019.

[2] Zhang, Songyang, et al. "Workshop on Autonomous Driving at CVPR 2021: Technical Report for Streaming Perception Challenge." arXiv preprint arXiv:2108.04230 (2021).

[3] He, Yang, et al. "Segmentations-leak: Membership inference attacks and defenses in semantic image segmentation." European Conference on Computer Vision. Springer, Cham, 2020.

[4] Choi, Sungha, Joanne T. Kim, and Jaegul Choo. "Cars can't fly up in the sky: Improving urban-scene segmentation via height-driven attention networks." Proceedings of the IEEE/CVF conference on computer vision and pattern recognition. 2020.

[5] Han, Yuzhuo, et al. "Wasserstein loss-based deep object detection." Proceedings of the IEEE/CVF Conference on Computer Vision and Pattern Recognition Workshops. 2020.

[6] Jiang, Liming, et al. "Tsit: A simple and versatile framework for image-to-image translation." European Conference on Computer Vision. Springer, Cham, 2020.

[7] Chen, Zhenhua, Chuhua Wang, and David J. Crandall. "Adversarial Attack in the Context of Self-driving." arXiv preprint arXiv:2104.01732 (2021).

DATASET 047	분야	자율주행(Autonomous Driving)
	데이터 요약	자율주행 분야의 다양한 데이터셋 제공
	데이터 규모	개별 후술
	데이터 포맷	이미지 및 비디오 프레임
KITTI	라이선스	CC BY NC-SA 3.0
대규모 자율주행	데이터 출처	http://www.cvlibs.net/datasets/kitti/
데이터	인용(Citation)	개별 후술

여러 대의 카메라와 GPU/IMU, 3차원 레이저 측정기 등의 장비를 자동차에 부착하고 도로를 주행하면서 데이터를 수집하고, 다양한 방식으로 레이블한 데이터셋입니다.

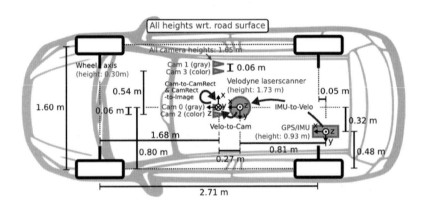

KITTI 데이터셋의 가장 큰 장점은 모든 데이터셋 URL에서 벤치마크 성능을 제공한 다는 점입니다. 아울러 각 데이터셋과 유사한 다른 유명 데이터셋에 대한 정보들도 제공해주고 있습니다. 덕분에 KITTI 데이터셋을 사용한다면 벤치마크 비교가 매우 수월해집니다. 대량의 모델과 성능을 비교할 수 있으며, 다른 데이터셋에서 검증할 수도 있으므로 반드시 SOTA를 찍어야만 한다는 절박한 마음과 함께한다면 논문 작 성 시간을 단축할 수 있습니다.

Stereo 2012

데이터 요약	Stereo 분석 및 Optical Flow 데이터셋
데이터 규모	399장
데이터 포맷	이미지 및 비디오 프레임
데이터 출처	http://www.cvlibs.net/datasets/kitti/eval_stereo_flow.php?benchmark=stereo
인용(Citation)	Geiger, Andreas, Philip Lenz, and Raquel Urtasun. "Are we ready for autonomous driving? the kitti vision benchmark suite." 2012 IEEE conference on computer vision and pattern recognition. IEEE, 2012.

Stereo 2015, Scene flow 2015, Flow 2015

데이터 요약	Stereo 분석
데이터 규모	400장
데이터 포맷	이미지 및 비디오 프레임
데이터 출처	http://www.cvlibs.net/datasets/kitti/eval_scene_flow.php?benchmark=stereo
인용(Citation)	Menze, Moritz, Christian Heipke, and Andreas Geiger. "Joint 3d estimation of vehicles and scene flow." ISPRS annals of the photogrammetry, remote sensing and spatial information sciences 2 (2015): 427.

Optical Flow Evaluation 2012

데이터 요약	Optical Flow 데이터셋
데이터 규모	399장
데이터 포맷	이미지 및 비디오 프레임
데이터 출처	http://www.cvlibs.net/datasets/kitti/eval_scene_flow.php?benchmark=stereo
인용(Citation)	Geiger, Andreas, Philip Lenz, and Raquel Urtasun. "Are we ready for autonomous driving? the kitti vision benchmark suite." 2012 IEEE conference on computer vision and pattern recognition. IEEE, 2012.

Depth

데이터 요약	Depth Estimation을 위한 라이더 센서 촬영 데이터셋
데이터 규모	930,0000여 장
데이터 포맷	이미지 및 비디오 프레임
데이터 출처	http://www.cvlibs.net/datasets/kitti/eval_depth.php?benchmark=depth_completion
인용(Citation)	Uhrig, Jonas, et al. "Sparsity invariant cnns." 2017 international conference on 3D Vision (3DV). IEEE, 2017.

Odometry

데이터 요약	Visual Odometry / SLAM Evaluation Dataset
데이터 규모	22 stereo sequences
데이터 포맷	주행거리 측정(odometry) 데이터
데이터 출처	http://www.cvlibs.net/datasets/kitti/eval_odometry.php
인용(Citation)	Geiger, Andreas, Philip Lenz, and Raquel Urtasun. "Are we ready for autonomous driving? the kitti vision benchmark suite." 2012 IEEE conference on computer vision and pattern recognition. IEEE, 2012.

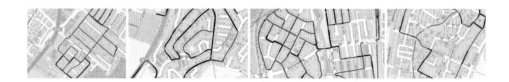

2D Object

데이터 요약	2D Object Detection
데이터 규모	트레이닝 데이터 7,418장, 테스트 데이터 7,518장
데이터 포맷	이미지
데이터 출처	http://www.cvlibs.net/datasets/kitti/eval_object.php?obj_benchmark
인용(Citation)	Geiger, Andreas, Philip Lenz, and Raquel Urtasun. "Are we ready for autonomous driving? the kitti vision benchmark suite." 2012 IEEE conference on computer vision and pattern recognition. IEEE, 2012.

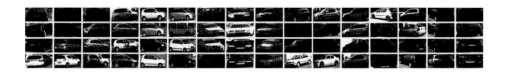

3D Object

데이터 요약	3D Object Detection
데이터 규모	트레이닝 데이터 7,418장, 테스트 데이터 7,518장
데이터 포맷	이미지
데이터 출처	http://www.cvlibs.net/datasets/kitti/eval_object.php?obj_benchmark=3d
인용(Citation)	Geiger, Andreas, Philip Lenz, and Raquel Urtasun. "Are we ready for autonomous driving? the kitti vision benchmark suite." 2012 IEEE conference on computer vision and pattern recognition. IEEE, 2012.

Bird's Eye View

데이터 요약	조감도 형태의 Object Detection
데이터 규모	트레이닝 데이터 7,418장, 테스트 데이터 7,518장
데이터 포맷	이미지
데이터 출처	http://www.cvlibs.net/datasets/kitti/eval_object.php?obj_benchmark=bev
인용(Citation)	Geiger, Andreas, Philip Lenz, and Raquel Urtasun. "Are we ready for autonomous driving? the kitti vision benchmark suite." 2012 IEEE conference on computer vision and pattern recognition. IEEE, 2012.

Object Tracking - 2D

데이터 요약	Video Object Detection
데이터 규모	트레이닝 데이터 21 시퀀스, 테스트 데이터 29 시퀀스
데이터 포맷	비디오 시퀀스
데이터 출처	http://www.cvlibs.net/datasets/kitti/eval_tracking.php
인용(Citation)	Geiger, Andreas, Philip Lenz, and Raquel Urtasun. "Are we ready for autonomous driving? the kitti vision benchmark suite." 2012 IEEE conference on computer vision and pattern recognition. IEEE, 2012.

MOTS

데이터 요약	Multi-object Tracking and Segmentation
데이터 규모	트레이닝 데이터 21 시퀀스, 테스트 데이터 29 시퀀스
데이터 포맷	비디오 시퀀스
데이터 출처	http://www.cvlibs.net/datasets/kitti/eval_mots.php
인용(Citation)	Voigtlaender, Paul, et al. "Mots: Multi-object tracking and segmentation." Proceedings of the IEEE/CVF Conference on Computer Vision and Pattern Recognition. 2019.

STEP

데이터 요약	Segmentation and Tracking
데이터 규모	트레이닝 데이터 21 시퀀스, 테스트 데이터 29 시퀀스
데이터 포맷	비디오 시퀀스
데이터 출처	http://www.cvlibs.net/datasets/kitti/eval_step.php
인용(Citation)	Weber, Mark, et al. "STEP: Segmenting and Tracking Every Pixel." arXiv preprint arXiv:2102.11859 (2021).

Road / Lane

데이터 요약	도로/차선 감지(Road/Lane Detection)
데이터 규모	579장
데이터 포맷	이미지
데이터 출처	http://www.cvlibs.net/datasets/kitti/eval_road.php
인용(Citation)	Fritsch, Jannik, Tobias Kuehnl, and Andreas Geiger. "A new performance measure and evaluation benchmark for road detection algorithms." 16th International IEEE Conference on Intelligent Transportation Systems (ITSC 2013). IEEE, 2013.

Semantic Segmentation

데이터 요약	Pixelwise Semantic Segmentation
데이터 규모	400장
데이터 포맷	이미지
데이터 출처	http://www.cvlibs.net/datasets/kitti/eval_semseg.php?benchmark=semantics2015
인용(Citation)	Alhaija, Hassan Abu, et al. "Augmented reality meets computer vision: Efficient data generation for urban driving scenes." International Journal of Computer Vision 126.9 (2018): 961–972.

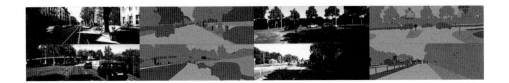

이 데이터셋을 활용한 흥미로운 연구결과

[1] Yu, Fisher, and Vladlen Koltun. "Multi-scale context aggregation by dilated convolutions." arXiv preprint arXiv:1511.07122 (2015).

[2] Mur-Artal, Raul, Jose Maria Martinez Montiel, and Juan D. Tardos. "ORB-SLAM: a versatile and accurate monocular SLAM system." IEEE transactions on robotics 31.5 (2015): 1147-1163.

[3] Mur-Artal, Raul, and Juan D. Tardós. "Orb-slam2: An open-source slam system for monocular, stereo, and rgb-d cameras." IEEE transactions on robotics 33.5 (2017): 1255-1262.

[4] Eigen, David, Christian Puhrsch, and Rob Fergus. "Depth map prediction from a single image using a multi-scale deep network." arXiv preprint arXiv:1406.2283 (2014).

[5] Dosovitskiy, Alexey, et al. "Flownet: Learning optical flow with convolutional networks." Proceedings of the IEEE international conference on computer vision. 2015.

[6] Cadena, Cesar, et al. "Past, present, and future of simultaneous localization and mapping: Toward the robust-perception age." IEEE Transactions on robotics 32.6 (2016): 1309-1332.

[7] Chen, Chenyi, et al. "Deepdriving: Learning affordance for direct perception in autonomous driving." Proceedings of the IEEE international conference on computer vision. 2015.

DATASET 048

Cityscape
길거리 세그멘테이션

분야	Semantic Segmentation
데이터 요약	길거리 영상에서 촬영된 오브젝트들을 세그멘테이션한 데이터
데이터 규모	HQ : 5,000프레임, LQ : 20,000프레임
데이터 포맷	이미지 및 비디오 프레임
라이선스	비영리 사용만 가능
데이터 출처	https://www.cityscapes-dataset.com
인용(Citation)	M. Cordts, M. Omran, S. Ramos, T. Rehfeld, M. Enzweiler, R. Benenson, U. Franke, S. Roth, and B. Schiele, "The Cityscapes Dataset for Semantic Urban Scene Understanding," in Proc. of the IEEE Conference on Computer Vision and Pattern Recognition (CVPR), 2016.

세그멘테이션 분야의 클래식이자 바이블입니다. 한때 세그멘테이션 AI를 개발하면서 Cityscape 벤치마크를 제시하지 않는 것은 생각할 수 없는 일이었다는 이야기가 나올 정도로 위상이 높았습니다. 덕분에 벤치마크 비교를 위한 논문이 굉장히 많이 발표되어 있어, 아직 성능비교 목적으로 사용하기에 적합합니다. 도로의 풍경을 고품질로 세그멘테이션한 데이터가 제공됩니다.

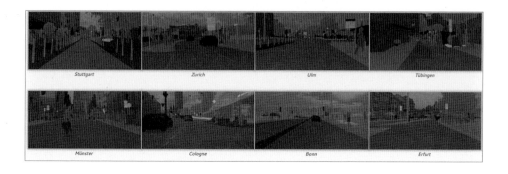

이 데이터셋을 활용한 흥미로운 연구결과

[1] Isola, Phillip, et al. "Image-to-image translation with conditional adversarial networks." Proceedings of the IEEE conference on computer vision and pattern recognition. 2017.

[2] Zhu, Jun-Yan, et al. "Unpaired image-to-image translation using cycle-consistent adversarial networks." Proceedings of the IEEE international conference on computer vision. 2017.

[3] Badrinarayanan, Vijay, Alex Kendall, and Roberto Cipolla. "Segnet: A deep convolutional encoder-decoder architecture for image segmentation." IEEE transactions on pattern analysis and machine intelligence 39.12 (2017): 2481-2495.

[4] Chen, Liang-Chieh, et al. "Deeplab: Semantic image segmentation with deep convolutional nets, atrous convolution, and fully connected crfs." IEEE transactions on pattern analysis and machine intelligence 40.4 (2017): 834-848.

DATASET 049

Cityscape 3D
탈것 인식

분야	3D Object Detection
데이터 요약	탈것 3차원 박스 레이블을 토대로 인식 및 도로 주요부 세그멘테이션
데이터 규모	HQ : 5,000프레임, LQ : 20,000프레임
데이터 포맷	이미지 및 비디오 프레임
라이선스	비영리적 사용만 가능
데이터 출처	https://github.com/mcordts/cityscapesScripts
인용(Citation)	Gählert, Nils, et al. "Cityscapes 3d: Dataset and benchmark for 9 dof vehicle detection." arXiv preprint arXiv:2006.07864 (2020).

Cityscape 데이터셋의 확장으로, 9종류의 탈것에 대한 3차원 박스 표지가 제공됩니다. 전작인 Cityscape의 명성이 있다 보니 아직 Arxiv에만 발표된 논문이지만 활발하게 인용되고 있습니다.

이 데이터셋을 활용한 흥미로운 연구결과

[1] Kim, Seong-heum, and Youngbae Hwang. "A Survey on Deep Learning Based Methods and Datasets for Monocular 3D Object Detection." Electronics 10.4 (2021): 517.

[2] Dodel, David, Michael Schötz, and Niclas Vödisch. "FSOCO: The Formula Student Objects in Context Dataset." arXiv preprint arXiv:2012.07139 (2020).

[3] Hanselmann, Niklas, et al. "Learning Cascaded Detection Tasks with Weakly-Supervised Domain Adaptation." arXiv preprint arXiv:2107.04523 (2021).

[4] Saseendran, Amrutha, Kathrin Skubch, and Margret Keuper. "Multi-Class Multi-Instance Count Conditioned Adversarial Image Generation." arXiv preprint arXiv:2103.16795 (2021).

[5] Mao, Jiageng, et al. "One Million Scenes for Autonomous Driving: ONCE Dataset." arXiv preprint arXiv:2106.11037 (2021).

DATASET 050

CULane
도로만 인식

분야	Road Recognition
데이터 요약	도로에서 차선을 인식하기 위한 데이터셋
데이터 규모	55시간 분량의 도로주행 녹화 데이터. 133,235프레임
데이터 포맷	비디오 프레임
라이선스	비영리 자유 사용
데이터 출처	https://xingangpan.github.io/projects/CULane.html
인용(Citation)	Pan, Xingang, et al. "Spatial as deep: Spatial cnn for traffic scene understanding." Thirty-Second AAAI Conference on Artificial Intelligence. 2018.

이것은 대규모 비디오 데이터셋으로, 실제 도로를 주행하면서 촬영된 영상에서 차선을 인식하여 별도의 색상으로 표지한 데이터입니다. 데이터의 규모와 레이블링 품질 측면에서 경쟁력이 있으며, 의외로 학습 난도가 매우 높은 데이터셋으로 많은 최근 연구결과들이 벤치마크 목적으로 이 데이터셋을 활발하게 인용하고 있습니다. 'CULane 데이터셋에서도 우리의 AI는 고성능으로 작동한다'라는 것을 보여주기만 다른 학자들을 쉽게 납득시킬 수 있기 때문입니다.

이 데이터셋을 활용한 흥미로운 연구결과

[1] Zhang, Jie, et al. "Geometric constrained joint lane segmentation and lane boundary detection." proceedings of the european conference on computer vision (ECCV). 2018.

[2] Xu, Hang, et al. "Curvelane-nas: Unifying lane-sensitive architecture search and adaptive point blending." Computer Vision-ECCV 2020: 16th European Conference, Glasgow, UK, August 23-28, 2020, Proceedings, Part XV 16. Springer International Publishing, 2020.

[3] Philion, Jonah. "Fastdraw: Addressing the long tail of lane detection by adapting a sequential prediction network." Proceedings of the IEEE/CVF Conference on Computer Vision and Pattern Recognition. 2019.

C H A P T E R

8

비디오(Video)

Vox
Converse
발화자 찾기

분야	Speaker Diarization
데이터 요약	대규모 음성-영상 데이터셋
데이터 규모	50시간 분량
데이터 포맷	비디오
라이선스	비영리 연구목적 사용 가능
데이터 출처	https://www.robots.ox.ac.uk/~vgg/data/voxconverse/
인용(Citation)	Chung, Joon Son, et al. "Spot the conversation: speaker diarisation in the wild." arXiv preprint arXiv:2007.01216 (2020).

유튜브에서 추출된 대규모 영상 데이터로, Speaker Diarization 과제 수행을 위하여 제작된 데이터셋입니다. 발화자가 한 명인지, 여러 명인지, 발화자의 발화 모습이 화면상에 표현되지 않는지 등을 모두 분석하여 레이블이 부착되었습니다.

데이터셋 제작자들은 데이터셋의 라이선스를 사실상 내려놓았으나, 원본 유튜브 영상의 저작권이 살아있는 상태이므로 비영리 연구목적 사용만 가능합니다.

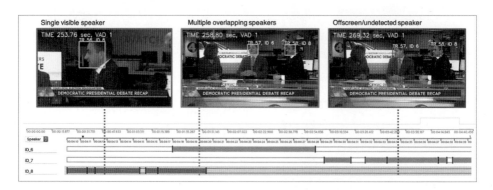

이 데이터셋을 활용한 흥미로운 연구결과

[1] Landini, Federico, et al. "Analysis of the but diarization system for voxconverse challenge." ICASSP 2021-2021 IEEE International Conference on Acoustics, Speech and Signal Processing (ICASSP). IEEE, 2021.

[2] Wang, Yuxuan, et al. "USTC-NELSLIP system description for DIHARD-III challenge." arXiv preprint arXiv:2103.10661 (2021).

[3] Leung, Tsun-Yat, and Lahiru Samarakoon. "End-to-End Speaker Diarization System for the Third DIHARD Challenge System Description." (2021).

DATASET 052		
분야	Audio-visual Correspondence	
데이터 요약	유튜브에서 수집된 비디오-오디오 데이터셋	
데이터 규모	310 클래스, 20만 비디오, 550시간 분량	
데이터 포맷	비디오	
라이선스	비영리 연구목적 사용 가능	
데이터 출처	https://www.robots.ox.ac.uk/~vgg/data/vggsound/	
인용(Citation)	Chen, Honglie, et al. "Vggsound: A large-scale audio-visual dataset." ICASSP 2020-2020 IEEE International Conference on Acoustics, Speech and Signal Processing (ICASSP). IEEE, 2020.	

VGG-Sound
Audio-Visual

유튜브에서 수집된 영상으로 제작된 초거대 규모의 Audio-visual correspondence 데이터셋입니다. 논문이 발표된 2020년 7월 시점을 기준으로, 당시 세계 최대 규모의 데이터셋에 비해 클립(clip) 수가 4배가량 많습니다.

데이터셋 제작자들은 라이선스를 사실상 내려놓았으나, 원본 유튜브 영상의 저작권이 살아있는 상태이므로 비영리 연구목적으로만 사용할 수 있습니다.

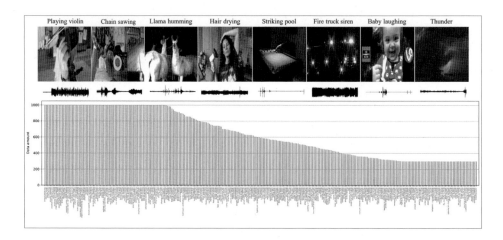

이 데이터셋을 활용한 흥미로운 연구결과

[1] Chen, Honglie, et al. "Localizing Visual Sounds the Hard Way." Proceedings of the IEEE/CVF Conference on Computer Vision and Pattern Recognition. 2021.

[2] Zhu, Lingyu, and Esa Rahtu. "V-SlowFast Network for Efficient Visual Sound Separation." arXiv preprint arXiv:2109.08867 (2021).

[3] Patrick, Mandela, et al. "Multi-modal self-supervision from generalized data transformations." arXiv preprint arXiv:2003.04298 (2020).

[4] Jia, Xuihui, et al. "Joint Representation Learning and Novel Category Discovery on Single-and Multi-modal Data." arXiv preprint arXiv:2104.12673 (2021).

MoCA
은신 중인 동물 찾기

분야	Video based recognition
데이터 요약	은신 중인 동물의 영상입니다.
데이터 규모	141비디오, 37,000여장의 비디오 프레임, 67 카테고리
데이터 포맷	비디오 프레임
라이선스	비영리 연구목적 사용 가능
데이터 출처	https://www.robots.ox.ac.uk/~vgg/data/MoCA/
인용(Citation)	Lamdouar, Hala, et al. "Betrayed by motion: Camouflaged object discovery via motion segmentation." Proceedings of the Asian Conference on Computer Vision. 2020.

은신 중인 동물은 스틸샷 이미지만으로 발견하기 어려운 객체입니다. 이 데이터셋은 비디오 프레임 형태이므로 optical flow 분석을 통하여 동물을 발견해낼 수 있습니다. 오브젝트와 배경의 질감이 거의 동일하므로 일반적인 CNN으로는 학습이 쉽지 않습니다.

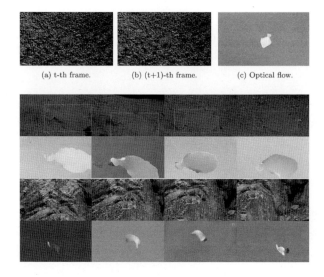

(a) t-th frame. (b) (t+1)-th frame. (c) Optical flow.

이 데이터셋을 활용한 흥미로운 연구결과

[1] Wang, Zhenyu, et al. "Data-Uncertainty Guided Multi-Phase Learning for Semi-Supervised Object Detection." Proceedings of the IEEE/CVF Conference on Computer Vision and Pattern Recognition. 2021.

분야	Video Based Recognition
데이터 요약	다양한 영화로부터 클립을 추출하여 캡션을 단 데이터셋
데이터 규모	3,000개의 영화, 3만 개의 캡션 달린 클립, 1,000시간 분량
데이터 포맷	비디오
라이선스	비영리 연구목적 사용 가능
데이터 출처	https://www.robots.ox.ac.uk/~vgg/data/condensed-movies/
인용(Citation)	Bain, Max, et al. "Condensed movies: Story based retrieval with contextual embeddings." Proceedings of the Asian Conference on Computer Vision. 2020.

DATASET 054

Conden-sed Movie
영화 클립

영화의 주요 장면 클립을 추출하여 의도, 관계 등 해당 장면을 이해하는 데 필요한 캡션을 부착한 레이블과 인물 얼굴에 바운딩 박스와 사람의 이름이 기재된 레이블이 제공됩니다.

논문의 저자들이 사실상 데이터셋의 라이선스를 내려놓았으나 원본 영화 제작자들에게 권리가 있으므로 영리 목적 사용이 곤란합니다.

INTENT	RELATIONSHIP	EMOTION	PAST CONTEXT	FUTURE CONTEXT
Sean wants to sulk alone in the snow but is interrupted by Paul.	Adam meets his therapist Katherine, who is much younger than he expected.	Barbara Jean succumbs to her stress and anxiety on stage.	Ronny tries to get his camera back from Zip who is still angry about their previous altercation.	Frankie reveals his master plan to steal $10,000 from charity, and how the group of kids will be used to help him

Daniel's attempt to defend Ali from Johnny ends in embarrassing fashion.	Daniel is skeptical when Mr. Miyagi tells him to wax a series of cars during their first karate lesson.	Daniel surprises his teacher Mr. Miyagi when he is able to catch a fly with chopsticks on his first try.	Daniel continues to train with Mr. Miyagi and learns a stark lesson on concentration.	Despite illegal moves from the Cobra Kai that bring him to the ground, Daniel delivers one final kick and wins the championship.

이 데이터셋을 활용한 흥미로운 연구결과

[1] Brown, Andrew, et al. "Playing a Part: Speaker Verification at the movies." ICASSP 2021-2021 IEEE International Conference on Acoustics, Speech and Signal Processing (ICASSP). IEEE, 2021.

[2] Sadhu, Arka, et al. "Visual Semantic Role Labeling for Video Understanding." Proceedings of the IEEE/CVF Conference on Computer Vision and Pattern Recognition. 2021.

DATASET 055	분야	Face Classification, Speaker Diarization
Sherlock TV Series	데이터 요약	특정 TV 드라마로부터 추출된 비디오 프레임
안면 인식	데이터 규모	240분 분량의 비디오에서 추출된 비디오 프레임

분야	Face Classification, Speaker Diarization
데이터 요약	특정 TV 드라마로부터 추출된 비디오 프레임
데이터 규모	240분 분량의 비디오에서 추출된 비디오 프레임
데이터 포맷	비디오 프레임
라이선스	비영리 연구목적 사용 가능
데이터 출처	https://www.robots.ox.ac.uk/~vgg/data/Sherlock/
인용(Citation)	Nagrani, Arsha, and Andrew Zisserman. "From benedict cumberbatch to sherlock holmes: Character identification in tv series without a script." arXiv preprint arXiv:1801.10442 (2018).

안면인식과 Speaker Diarization 과제 수행을 위한 데이터셋으로, 영국 드라마 〈셜록〉에서 추출된 영상입니다. 베네딕트 컴버배치와 같이 비중이 높은 배우의 등장 빈도가 단역에 비해 높게 편향되어 있습니다.

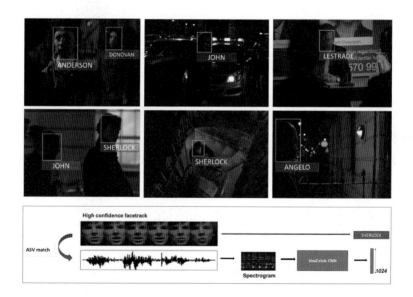

이 데이터셋을 활용한 흥미로운 연구결과

[1] Nagrani, Arsha, Samuel Albanie, and Andrew Zisserman. "Learnable pins: Cross-modal embeddings for person identity." Proceedings of the European Conference on Computer Vision (ECCV). 2018.

DATASET 056

LAEO
Human
Interaction

분야	Video Based Recognition
데이터 요약	인물이 서로를 응시하는 장면을 모아둔 데이터셋
데이터 규모	300개의 비디오 클립
데이터 포맷	비디오
라이선스	비영리 연구목적 사용 가능
데이터 출처	https://www.robots.ox.ac.uk/~vgg/data/laeo/
인용(Citation)	Marin-Jimenez, Manuel Jesús, et al. "Detecting people looking at each other in videos." International Journal of Computer Vision 106.3 (2014): 282-296.

인물들이 서로의 눈을 바라보고 있는지 인식하기 위한 데이터셋입니다. 저자들의 논문에서는 머리의 각도와 눈이 바라보는 방향까지 인식하여, 단순히 머리가 서로를 마주 보고 있는지 실제로 눈을 맞추고 있는지까지 인식하는 모델을 선보였습니다.

데이터는 TV 쇼 프로그램들로부터 추출된 것이므로 방송국의 원본 라이선스가 살아 있습니다.

이 데이터셋을 활용한 흥미로운 연구결과

[1] Massé, Benoît, Silèye Ba, and Radu Horaud. "Tracking gaze and visual focus of attention of people involved in social interaction." IEEE transactions on pattern analysis and machine intelligence 40.11 (2017): 2711-2724.

TV Human Interaction

Human Interaction

분야	Human Interaction
데이터 요약	사람과 사람 사이의 상호작용 제스처 인식 데이터셋
데이터 규모	300개의 클립, 4종류의 상호작용 클래스
데이터 포맷	비디오 프레임
라이선스	비영리 연구목적 사용 가능
데이터 출처	https://www.robots.ox.ac.uk/~vgg/data/tv_human_interactions/
인용(Citation)	Patron-Perez, Alonso, et al. "High Five: Recognising human interactions in TV shows." BMVC. Vol. 1. No. 2. 2010.

TV 쇼 클립으로부터 추출된 비디오 프레임을 보며 배우 사이의 상호작용 유형을 분석하는 데이터셋입니다. 원 저작권이 방송국에 있으므로 비영리 연구목적 사용만 가능합니다.

hand shake	high five	hug	kiss

이 데이터셋을 활용한 흥미로운 연구결과

[1] Wang, Heng, et al. "A robust and efficient video representation for action recognition." International journal of computer vision 119.3 (2016): 219-238.

[2] Vondrick, Carl, Hamed Pirsiavash, and Antonio Torralba. "Anticipating visual representations from unlabeled video." Proceedings of the IEEE conference on computer vision and pattern recognition. 2016.

DATASET 058	분야	Video Generation
	데이터 요약	스타크래프트2 게임 영상 데이터셋

분야	Video Generation
데이터 요약	스타크래프트2 게임 영상 데이터셋
데이터 규모	5,000클립
데이터 포맷	비디오
라이선스	CC BY
데이터 출처	https://storage.googleapis.com/scv_dataset/README.html
인용(Citation)	Unterthiner, Thomas, et al. "Towards accurate generative models of video: A new metric & challenges." arXiv preprint arXiv:1812.01717 (2018).

SCV
스타크래프트2 플레이 영상

스타크래프트 2에서 촬영된 게임 영상 데이터셋입니다. 별도의 레이블이 제공되지는 않고, 저자들도 비디오 생성 모델 제작을 위하여 활용했습니다.

이 데이터셋을 활용한 흥미로운 연구결과

[1] Lluis Castrejon, Nicolas Ballas, Aaron Courville; Proceedings of the IEEE/CVF International Conference on Computer Vision (ICCV), 2019, pp. 7608-7617

DATASET **059** 분야	미디어 포렌식(Media Forensics)
데이터 요약	딥페이크를 감지하기 위한 데이터셋
데이터 규모	Real Video 500건, Fake Video 19,500건
데이터 포맷	비디오
라이선스	CC BY 4.0
데이터 출처	https://sites.google.com/view/fakeavcelebdash-lab/
인용(Citation)	Khalid, Hasam, Shahroz Tariq, and Simon S. Woo. "FakeAVCeleb: A Novel Audio-Video Multimodal Deepfake Dataset." Thirty-fifth Conference on Neural Information Processing Systems Datasets and Benchmarks Track (Round 2) (2021).

Fake AVCeleb
딥페이크 감지

딥페이크를 감지하기 위한 트레이닝 용도로 제작된 데이터셋입니다. 진짜 영상과 가짜 음성, 가짜 영상과 진짜 영상 등을 섞어서 제작한 데이터로, 이를 구분하는 모델을 만들어 딥페이크 영상과 진짜 영상을 구분하는 과제에 사용할 수 있습니다.

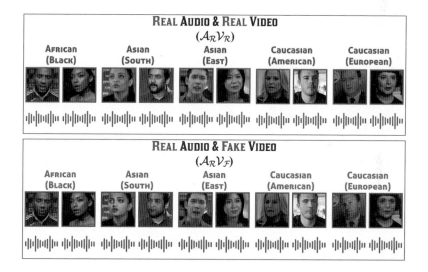

이 데이터셋을 활용한 흥미로운 연구결과

[1] Khalid, Hasam, et al. "Evaluation of an Audio-Video Multimodal Deepfake Dataset using Unimodal and Multimodal Detectors." arXiv preprint arXiv:2109.02993 (2021).

CHAPTER

9

농업 영상 (Agricultural Images)

Citrus
시트러스

분야	Agricultural Images
데이터 요약	시트러스 계열 열매와 잎 질병 분류를 위한 데이터셋
데이터 규모	729장
데이터 포맷	이미지
라이선스	CC BY 4.0
데이터 출처	https://data.mendeley.com/datasets/3f83gxmv57/2
인용(Citation)	Rauf, Hafiz Tayyab; Saleem, Basharat ALi ; Lali, M. Ikram Ullah ; khan, attique; Sharif, Muhammad; Bukhari, Syed Ahmad Chan (2019), "A Citrus Fruits and Leaves Dataset for Detection and Classification of Citrus Diseases through Machine Learning", Mendeley Data, V2, doi: 10.17632/3f83gxmv57.2

시트러스 계열 작물의 열매와 잎사귀 사진으로 구성된 데이터셋입니다. 질병 데이터와 일반 데이터가 함께 제공됩니다.

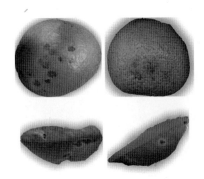

이 데이터셋을 활용한 흥미로운 연구결과

[1] Hasan, Reem Ibrahim, Suhaila Mohd Yusuf, and Laith Alzubaidi. "Review of the state of the art of deep learning for plant diseases: a broad analysis and discussion." Plants 9.10 (2020): 1302.

분야	Agricultural Images
데이터 요약	호주에서 촬영된 잡초 8종에 대한 사진 데이터
데이터 규모	17,509장
데이터 포맷	이미지
라이선스	CC BY 4.0
데이터 출처	https://github.com/AlexOlsen/DeepWeeds
인용(Citation)	Olsen, Alex, et al. "DeepWeeds: A multiclass weed species image dataset for deep learning." Scientific reports 9.1 (2019): 1-12.

DATASET 061

Deep Weeds
잡초

호주에서 촬영된 대량의 잡초 사진으로, 오픈 데이터셋으로는 드물게 학회 프로시딩이 아니라 Nature 그룹의 Scientific Reports에서 발표된 논문에 수록된 데이터입니다.

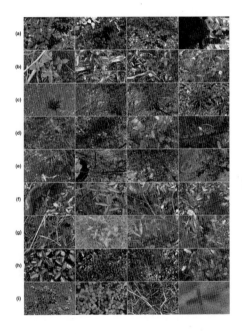

이 데이터셋을 활용한 흥미로운 연구결과

[1] A dos Santos Ferreira, Alessandro, et al. "Unsupervised deep learning and semi-automatic data labeling in weed discrimination." Computers and Electronics in Agriculture 165 (2019): 104963.

DATASET 062

Plant Leaves
잎사귀

분야	Agricultural Images
데이터 요약	건강한 잎사귀와 병든 잎사귀 데이터셋
데이터 규모	4,502장
데이터 포맷	이미지
라이선스	CC BY 4.0
데이터 출처	https://data.mendeley.com/datasets/hb74ynkjcn/1
인용(Citation)	Chouhan, Siddharth Singh, et al. "A data repository of leaf images: Practice towards plant conservation with plant pathology." 2019 4th International Conference on Information Systems and Computer Networks (ISCON). IEEE, 2019.

12종의 작물 잎에 대한 데이터로, 병든 잎과 건강한 잎 사진이 함께 제공됩니다. 잎사귀를 보고 작물의 종과 질병 유무를 동시에 분석하는 태스크를 위한 데이터셋입니다.

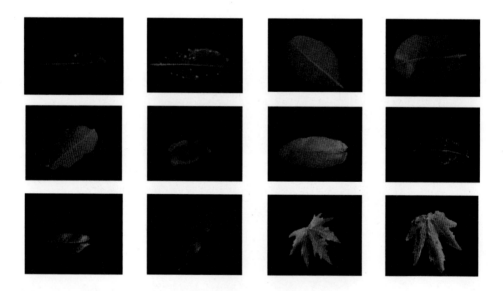

이 데이터셋을 활용한 흥미로운 연구결과

[1] Bose, Payal, et al. "Leaf Diseases Detection of Medicinal Plants based on Image Processing and Machine Learning Processes." (2021).

Plant Village
잎사귀

분야	Agricultural Images
데이터 요약	건강한 잎과 병든 잎 데이터 39종
데이터 규모	54,303장
데이터 포맷	이미지
라이선스	CC0 1.0
데이터 출처	https://data.mendeley.com/datasets/tywbtsjrjv/1
인용(Citation)	Geetharamani, G., and Arun Pandian. "Identification of plant leaf diseases using a nine-layer deep convolutional neural network." Computers & Electrical Engineering 76 (2019): 323-338.

39종의 잎사귀 데이터를 수집하여 정상 잎과 질병 상태를 레이블링한 데이터입니다. 현재까지 공개된 오픈 소스 잎사귀 데이터 중에서 가장 규모가 크지만, 라이선스를 완전히 내려놓는 대인배적 면모를 보이기도 해 큰 주목을 받았던 데이터셋입니다.

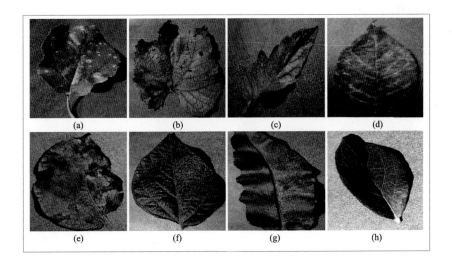

이 데이터셋을 활용한 흥미로운 연구결과

[1] Ozguven, Mehmet Metin, and Kemal Adem. "Automatic detection and classification of leaf spot disease in sugar beet using deep learning algorithms." Physica A: Statistical Mechanics and its Applications 535 (2019): 122537.

PlantaeK
잎사귀

분야	Agricultural Images
데이터 요약	인도의 야생 식물 잎사귀 데이터셋
데이터 규모	2,157장, 16종 작물, 2개의 건강 상태 클래스
데이터 포맷	이미지
라이선스	CC BY 4.0
데이터 출처	https://data.mendeley.com/datasets/t6j2h22jpx/1
인용(Citation)	Kour, Vippon Preet and Sakshi Arora. "PlantaeK: A leaf database of native plants of Jammu and Kashmir." (2019), Mendeley Data, V1, doi: 10.17632/t6j2h22jpx.1

인도 지역에서 촬영된 야생 식물의 잎사귀 데이터로, 16종 작물 클래스가 존재하며, 클래스별로 건강한 잎사귀와 병든 잎사귀의 이미지가 제공됩니다. 별도의 논문이 발표된 것으로 보이지는 않으며, 멘델레이(Mendeley) 데이터 포털[1]을 통해 이 데이터 셋을 인용한 다른 논문도 검색되지 않습니다.

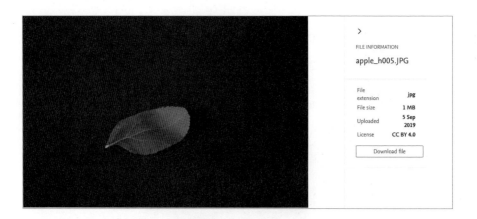

---

1) https://data.mendeley.com/

iBean
콩잎

분야	Agricultural Images
데이터 요약	콩잎 질병 카테고리별 사진
데이터 규모	3 클래스, 1,2960이미지
데이터 포맷	이미지
라이선스	MIT
데이터 출처	https://github.com/AI-Lab-Makerere/ibean/
인용(Citation)	AIR Lab, Makerere University, 2020, ibean dataset available at https://github.com/AI-Lab-Makerere/ibean

사진을 분류하는 데이터셋입니다. 2종류의 질병 카테고리와 1종류의 건강한 카테고리가 제공됩니다. 카테고리별로 430여 장의 이미지가 제공됩니다.

Angular Leaf Spot   Bean Rust   Healthy

이 데이터셋을 활용한 흥미로운 연구결과

[1] Tiwari, Vaibhav, Rakesh Chandra Joshi, and Malay Kishore Dutta. "Dense convolutional neural networks based multiclass plant disease detection and classification using leaf images." Ecological Informatics 63 (2021): 101289.

10

의료 영상
(Medical Images)

DATASET 066	분야	Medical Image Preprocessing, Image Reconstruction
	데이터 요약	초음파 영상 전처리 데이터셋
Mimick	데이터 규모	39,200프레임
Net	데이터 포맷	이미지
영상 재건	라이선스	Apache 2.0
	데이터 출처	https://github.com/ouwen/mimicknet
	인용(Citation)	Huang, Ouwen, et al. "MimickNet, Mimicking clinical image post-processing under black-box constraints." IEEE transactions on medical imaging 39.6 (2020): 2277-2286.

초음파 영상 전처리를 위한 데이터셋입니다. 논문에서 저자들은 초음파 영상을 더욱 선명하게 재건하는 방법론을 제시했습니다.

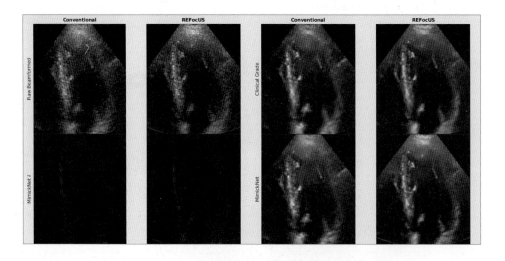

이 데이터셋을 활용한 흥미로운 연구결과

[1] Perdios, Dimitris, et al. "CNN-based image reconstruction method for ultrafast ultrasound imaging." arXiv preprint arXiv:2008.12750 (2020).

CBIS-DDSM
유방암 조영

분야	Medical Image
데이터 요약	유방암 조영 사진으로부터 Classification 또는 Detection, Segmentation 수행
데이터 규모	6,671장
데이터 포맷	DICOM
라이선스	CC BY 3.0
데이터 출처	https://wiki.cancerimagingarchive.net/display/Public/CBIS-DDSM
인용(Citation)	Lee, Rebecca Sawyer, et al. "A curated mammography data set for use in computer-aided detection and diagnosis research." Scientific data 4.1 (2017): 1-9.

유방암 조영 촬영 데이터로, 암 주위에 레이블이 표기되어 있어 세그멘테이션이나 디텍션 과제에 활용 가능합니다.

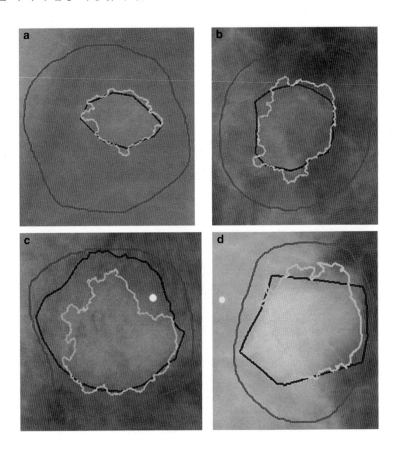

이 데이터셋을 활용한 흥미로운 연구결과

[1] Agarwal, Richa, et al. "Automatic mass detection in mammograms using deep convolutional neural networks." Journal of Medical Imaging 6.3 (2019): 031409.

[2] Falconí, L. G., et al. "Transfer learning and fine tuning in breast mammogram abnormalities classification on CBIS-DDSM database." Advances in Science, Technology and Engineering Systems 5.2 (2020): 154-165.

[3] Shen, Li, et al. "Deep learning to improve breast cancer detection on screening mammography." Scientific reports 9.1 (2019): 1-12.

[4] Agarwal, Richa, et al. "Mass detection in mammograms using pre-trained deep learning models." 14th International workshop on breast imaging (IWBI 2018). Vol. 10718. International Society for Optics and Photonics, 2018.

CCH
현미경 사진

분야	Classification
데이터 요약	7종류 조직 현미경 사진과 1종의 빈 프레파라트 사진
데이터 규모	5,000장
데이터 포맷	이미지
라이선스	CC BY 4.0
데이터 출처	https://zenodo.org/record/53169#.YV6LhS_kGCj
인용(Citation)	Kather, J. N., Zöllner, F. G., Bianconi, F., Melchers, S. M., Schad, L. R., Gaiser, T., Marx, A., & Weis, C.-A. (2016). Collection of textures in colorectal cancer histology [Data set]. Zenodo. https://doi.org/10.5281/zenodo.53169

대장 조직 슬라이드 사진으로, 대장암 1종과 6종류의 정상조직, 1종의 빈 프레파라트 사진이 제공됩니다. 150×150픽셀 사이즈의 소형 이미지뿐 아니라 5000×5000픽셀 사이즈의 대형 원본 이미지도 제공되니 학습 여건에 따라 적절한 데이터셋을 다운로드하여 활용하기 바랍니다.

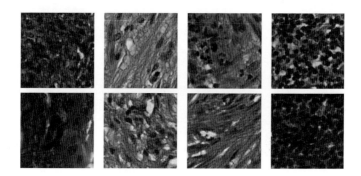

이 데이터셋을 활용한 흥미로운 연구결과

[1] Sarkar, Rituparna, and Scott T. Acton. "Sdl: Saliency-based dictionary learning framework for image similarity." IEEE Transactions on Image Processing 27.2 (2017): 749-763.

[2] Ohata, Elene Firmeza, et al. "A novel transfer learning approach for the classification of histological images of colorectal cancer." The Journal of Supercomputing (2021): 1-26.

BCCD
혈구

분야	Cell Count and Detection
데이터 요약	혈액 현미경 사진으로부터 백혈구, 적혈구, 혈소판 찾기
데이터 규모	411장
데이터 포맷	이미지
라이선스	MIT
데이터 출처	https://github.com/Shenggan/BCCD_Dataset
인용(Citation)	Senggan, BCCD (Blood Cell Count and Detection) Dataset (2017), available at https://github.com/Shenggan/BCCD_Dataset.

혈액 슬라이드 사진에서 백혈구, 적혈구와 혈소판을 탐지하는 과제 수행을 위한 데이터셋입니다. 백혈구의 종류가 별도로 세분화되어 있지는 않습니다.

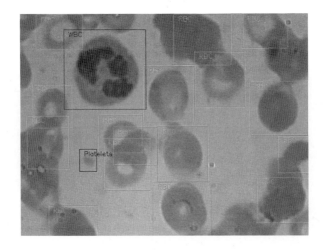

이 데이터셋을 활용한 흥미로운 연구결과

[1] Alam, Mohammad Mahmudul, and Mohammad Tariqul Islam. "Machine learning approach of automatic identification and counting of blood cells." Healthcare technology letters 6.4 (2019): 103-108.

[2] Sharma, Mayank, Aishwarya Bhave, and Rekh Ram Janghel. "White blood cell classification using convolutional neural network." Soft Computing and Signal Processing. Springer, Singapore, 2019. 135-143.

Malaria
말라리아 감염 혈액

분야	Diagnosis
데이터 요약	혈구가 표지된 혈액 슬라이드 이미지
데이터 규모	27,558개의 셀(cell) 이미지
데이터 포맷	이미지
라이선스	비영리 연구목적 사용 가능
데이터 출처	https://lhncbc.nlm.nih.gov/LHC-publications/pubs/MalariaDatasets.html
인용(Citation)	Rajaraman S, Antani SK, Poostchi M, Silamut K, Hossain MA, Maude, RJ, Jaeger S, Thoma GR. (2018) Pre-trained convolutional neural networks as feature extractors toward improved Malaria parasite detection in thin blood smear images. PeerJ6:e4568

혈액 슬라이드 내에서 혈구가 세그멘테이션된 이미지 모음으로, 혈액 사진만으로 말라리아 감염 여부를 진단하는 과제 수행을 위한 데이터셋입니다. 말라리아 감염 환자 150명과 건강한 사람 50명의 혈액으로부터 추출된 이미지입니다.

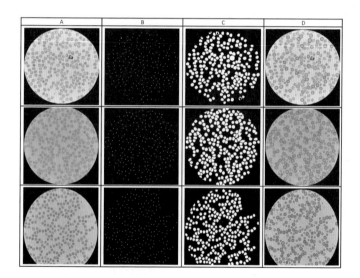

이 데이터셋을 활용한 흥미로운 연구결과

[1] Reddy, A. Sai Bharadwaj, and D. Sujitha Juliet. "Transfer learning with ResNet-50 for malaria cell-image classification." 2019 International Conference on Communication and Signal Processing (ICCSP). IEEE, 2019.

DATASET 071	분야	Semantic Segmentation
	데이터 요약	온갖 부위의 다양한 조직과 암 조직에 대한 Segmentation 데이터셋 제공
MSD	데이터 규모	10종류의 암 조직 클래스
Medical Image	데이터 포맷	이미지
Segmentation	라이선스	CC BY-SA 4.0
	데이터 출처	http://medicaldecathlon.com/
	인용(Citation)	Simpson, Amber L., et al. "A large annotated medical image dataset for the development and evaluation of segmentation algorithms." arXiv preprint arXiv:1902.09063 (2019).

10여 종의 의료 영상 세그멘테이션 데이터이며 완전히 무료로 전 세계에 공개된 데이터입니다. CT 영상과 MRI 영상이 제공되고 있으며, 이들의 촬영 방식 특성상 각각의 환자 케이스마다 적게는 수십 장에서, 많게는 최대 수백 장의 이미지가 제공됩니다.

간암

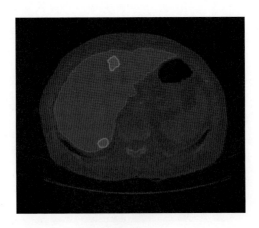

세그멘테이션 타겟	간 및 간암 조직
데이터 속성	Portal venous phase CT
환자 속성	원발성 암 환자 및 전이성 간 질환자
규모	3D 데이터 201 환자 케이스
영상 출처	IRCAD Hôpitaux Universitaires
비고	칼슘 결석 제거를 위한 전처리가 필요할 수 있습니다.

뇌종양

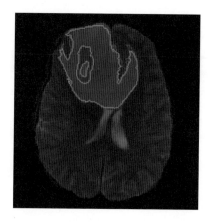

세그멘테이션 타겟	신경교종, 암 조직, 부종
데이터 속성	Multimodal multisite MRI data(FLAIR, T1w, T1gd, T2w)
환자 속성	교모세포종 또는 신경교종 진단을 받은 환자
규모	4D 데이터 750 환자 케이스
영상 출처	BRATS 2016 and 2017 datasets
비고	촬영장비 출력이 조금씩 다른 데이터가 섞여 있으므로 해상도나 명시성에 조금씩 차이가 있을 수 있습니다. 전처리를 거친 뒤 사용하는 것을 권장합니다.

해마

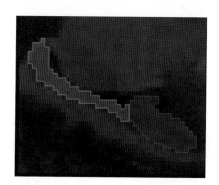

세그멘테이션 타겟	고유해마(Hippocampal proper) 및 구상회(subiculum)
데이터 속성	Mono-modal MRI
환자 속성	90명의 건강한 성인과 105명의 비정동 정신질환자
규모	3D 데이터 394 환자 케이스
영상 출처	Vanderbilt University Meidcal Center
비고	저자들의 설명에 따르면, 복잡한 뇌 조직 사이에서 해마와 같이 작은 조직을 정확하게 찾아내는 것은 중요한 작업이기 때문에 해마 세그멘테이션 데이터를 제공한다고 합니다.

폐암

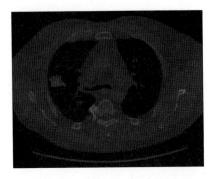

세그멘테이션 타겟	폐 및 폐암 조직
데이터 속성	CT
환자 속성	비소세포폐암(non-smallcell lung cancer, NSCLC) 환자 96명
규모	3D 데이터 96 환자 케이스
영상 출처	The Cancer Imaging Archive
비고	비교적 테두리 영역의 세그멘테이션 품질이 거친 편입니다.

전립선

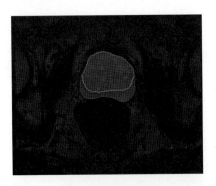

세그멘테이션 타겟	이행대(Transition Zone, TZ) 및 말초대(Peripheral Zone, PZ)
데이터 속성	mpMRI(T2, ADC)
환자 속성	비영리 연구목적 사용 가능
규모	3D 데이터 48케이스
영상 출처	Radboud University, Nijmegen Medical Centre
비고	저자들의 설명에 따르면, 전립선은 환자마다 각 부위의 크기와 형태가 미묘하게 다르고 다양하기 때문에 여러 환자의 사진으로부터 매번 일정하게 전립선의 각 부위를 인식하는 것은 난이도와 중요도가 모두 높은 과제라고 합니다. 이에 전립선 MRI 영상을 제공한다고 밝혔습니다.

심장

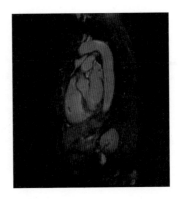

세그멘테이션 타겟	좌심방
데이터 속성	Mono-modal MRI
환자 속성	비영리 연구목적 사용 가능
규모	3D 데이터 30케이스
영상 출처	King's College London
비고	저자들의 설명에 따르면, 동일한 심주기에 측정된 심장 데이터로, 저자들의 설명에 따르면 소량의 데이터만으로 복잡하고 다양한 해부학적 구조 변동을 학습하는 과제는 매우 중요한 문제이므로 이 데이터셋을 제공한다고 합니다.

췌장암

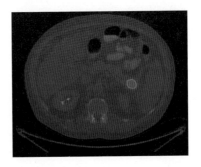

세그멘테이션 타겟	췌장실질(pancreatic parenchyma), 종양
데이터 속성	Portal-venous phase CT
환자 속성	췌장절제술 처방을 받은 췌장암 환자
규모	3D 데이터 421 환자 케이스
영상 출처	Memorial Sloan Kettering Cancer Center
비고	저자들의 설명에 따르면, 이 데이터는 어노테이션 레이블 언밸런스가 매우 큰 데이터이므로, 학습 난도가 높아 데이터셋에 포함시켰다고 합니다. 배경, 췌장, 종양의 픽셀 범위가 매우 치우쳐 있는 것은 사실이나, 사실 이는 거의 모든 의료 영상 데이터에 해당하는 이야기이므로 깊게 고민할 필요는 없는 것 같습니다.

대장암

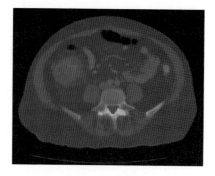

세그멘테이션 타겟	대장암 조직
데이터 속성	Portal–venous phase CT
환자 속성	원발성 대장암 절제술 처방을 받은 환자
규모	3D 데이터 190 환자 케이스
영상 출처	Memorial Sloan Kettering Cancer Center
비고	저자들의 설명에 따르면, 대장암은 그 형태가 매우 비정형적이고 다양하여 세그멘테이션 난도가 높으므로 이 데이터를 제공한다고 합니다.

간 혈관 및 암 조직

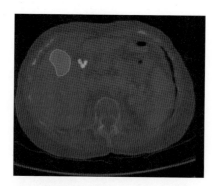

세그멘테이션 타겟	간 혈관과 암 조직
데이터 속성	Portal–venous phase CT
환자 속성	원발성 및 전이성 간암 환자
규모	3D 데이터 443 환자 케이스
영상 출처	Memorial Sloan Kettering Cancer Center
비고	간은 혈관 덩어리라 볼 수 있는 조직인데, 간암 조직 주변에서 포착되는 주변 혈관의 형태가 간암 진단에 도움이 되기 때문에 이 데이터를 제공한다고 합니다. Tumor Angiogenesis 현상과 관련이 있는 것으로 생각됩니다.

비장

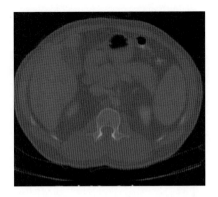

세그멘테이션 타겟	비장
데이터 속성	Portal–venous phase CT
환자 속성	간암 전이로 인해 화학적 치료를 받고 있는 환자
규모	3D 데이터 61 환자 케이스
영상 출처	Memorial Sloan Kettering Cancer Center
비고	저자들의 설명에 따르면, 데이터의 정형성이 떨어지기 때문에 학습 난도가 높아 제공한다고 합니다.

이 데이터셋을 활용한 흥미로운 연구결과

[1] Isensee, Fabian, et al. "nnu-net: Breaking the spell on successful medical image segmentation." arXiv preprint arXiv:1904.08128 1 (2019): 1-8.

[2] Zhou, Yuyin, et al. "Prior-aware neural network for partially-supervised multi-organ segmentation." Proceedings of the IEEE/CVF International Conference on Computer Vision. 2019.

[3] Kavur, A. Emre, et al. "CHAOS challenge-combined (CT-MR) healthy abdominal organ segmentation." Medical Image Analysis69 (2021): 101950.

VFP290K
실신 환자 찾기

분야	Anomalous Behavior Recognition
데이터 요약	CCTV 영상에서 쓰러진 사람 찾아내기
데이터 규모	294,714 프레임
데이터 포맷	이미지 및 비디오
라이선스	CC BY 4.0
데이터 출처	https://sites.google.com/view/dash-vfp300k/
인용(Citation)	An, Jaeju, et al. "VFP290K: A Large-Scale Benchmark Dataset for Vision-based Fallen Person Detection." Thirty-fifth Conference on Neural Information Processing Systems Datasets and Benchmarks Track (Round 2) (2021).

CCTV 영상 등에서, 쓰러진 사람을 찾아내기 위한 데이터셋입니다. 카메라의 고도도 높은 경우와 낮은 경우가 섞여 있으며, 실내와 야외 가릴 것 없이 다양한 장소에서 촬영되었습니다.

Features		# of videos	# of frames	# of places	# of scenes
Light Conditions	Day	138	221,666	–	–
	Night	40	73,048	–	–
Camera heights	Low	97	50,081	–	–
	High	81	244,633	–	–
Background	Street	118	57,965	13	29
	Park	47	212,753	30	95
	Building	13	23,996	6	7

데이터셋의 참신함을 인정받아 Neural IPS에 억셉되었습니다. 향후 이 데이터셋을 인용한 다양한 연구결과들이 세계 곳곳에서 발표될 것으로 예상됩니다.

DATASET 073	분야	Text Recognition
	데이터 요약	8백만 개의 단어를 생성하여 현실 이미지에 합성한 데이터셋
SynthText	데이터 규모	80만 장
OCR	데이터 포맷	이미지
	라이선스	비영리 연구목적 사용 가능
	데이터 출처	https://www.robots.ox.ac.uk/~vgg/data/scenetext/
	인용(Citation)	A. Gupta, A. Vedaldi, A. Zisserman "Synthetic Data for Text Localisation in Natural Images" IEEE Conference on Computer Vision and Pattern Recognition (CVPR), 2016

가공의 단어를 생성하여 현실 이미지 위에 Augmentation 시킨 데이터셋입니다. 단어들의 위치에 대한 테두리 상자(bounding box) 정보가 제공되며, 사진에 있는 텍스트에 대한 실측자료(ground truth)가 제공됩니다.

이 데이터셋을 활용한 흥미로운 연구결과

[1] Wan, Qi, Haoqin Ji, and Linlin Shen. "Self-Attention Based Text Knowledge Mining for Text Detection." Proceedings of the IEEE/CVF Conference on Computer Vision and Pattern Recognition. 2021.

[2] Hu, Han, et al. "Wordsup: Exploiting word annotations for character based text detection." Proceedings of the IEEE international conference on computer vision. 2017.

[3] Liu, Juhua, et al. "SemiText: Scene text detection with semi-supervised learning." Neurocomputing 407 (2020): 343-353.

분야	Text Recognition
데이터 요약	문자를 다양한 형태로 변조하는 과제 수행에 사용하기 위한 데이터셋
데이터 규모	1,400종의 폰트, 9만 개의 영단어, 900만 장의 이미지
데이터 포맷	이미지
라이선스	비영리 연구목적 사용 가능
데이터 출처	https://www.robots.ox.ac.uk/~vgg/data/text/
인용(Citation)	Jaderberg, Max, et al. "Synthetic data and artificial neural networks for natural scene text recognition." arXiv preprint arXiv:1406.2227 (2014).

DATASET 074

MJSynth
OCR

OCR AI 학습을 위한 대규모의 데이터셋입니다. Augmentation 과정에서 여러 종류의 왜곡이 가해졌기 때문에 학습 난도가 더욱 올라갔습니다. 덕분에 성능 과시가 필요한 상황에 사용하기 적합한 데이터셋입니다.

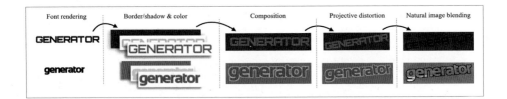

이 데이터셋을 활용한 흥미로운 연구결과

[1] Dutta, Kartik, et al. "Localizing and recognizing text in lecture videos." 2018 16th International Conference on Frontiers in Handwriting Recognition (ICFHR). IEEE, 2018.

[2] Loginov, Vladimir. "Why You Should Try the Real Data for the Scene Text Recognition." arXiv preprint arXiv:2107.13938(2021).

[3] Xu, Xing, Wei Wang, and Quanli Liu. "Medical Image Character Recognition Based on Multi-scale Neural Convolutional Network." 2021 International Conference on Security, Pattern Analysis, and Cybernetics (SPAC). IEEE, 2021.

[4] Yue, Xiaoyu, et al. "Robustscanner: Dynamically enhancing positional clues for robust text recognition." European Conference on Computer Vision. Springer, Cham, 2020.

Oxford Buildings
객체 인식

분야	Object Retrieval
데이터 요약	옥스포드 대학 내 건물 17종에 대한 다양한 사진들
데이터 규모	5,062장
데이터 포맷	이미지
라이선스	Flickr License
데이터 출처	https://www.robots.ox.ac.uk/~vgg/data/oxbuildings/
인용(Citation)	J. Philbin, O. Chum, M. Isard, J. Sivic and A. Zisserman "Object retrieval with large vocabularies and fast spatial matching" Proceedings of the IEEE Conference on Computer Vision and Pattern Recognition (2007)

Flickr에서 수집된 옥스퍼드 대학 내 건물과 랜드마크 17종에 대한 데이터로, 각각의 데이터에는 건물의 특징이 되는 영역에 박스 레이블이 표지되어 있습니다. 사진 내에서 이미지의 주요 부위가 얼마나 잘 찍혀있는지 그 면적에 따라서 Good - OK - Bad - Junk 4단계로 레이블되어 있습니다.

이 데이터셋을 활용한 흥미로운 연구결과

[1] Babenko, Artem, et al. "Neural codes for image retrieval." European conference on computer vision. Springer, Cham, 2014.

[2] Liu, Hongmin, et al. "Towards learning line descriptors from patches: a new paradigm and large-scale dataset." International Journal of Machine Learning and Cybernetics 12.3 (2021): 877-890.

DATASET 076	
분야	3D Object Reconstruction
데이터 요약	토끼와 용 3D 오브젝트를 다각도로 촬영한 이미지 (광원 각도 고려)
데이터 규모	20만 장
데이터 포맷	이미지
라이선스	Apache 2.0
데이터 출처	https://github.com/deepmind/deepmind-research/tree/master/geomancer#stanford-3d-objects-for-disentangling-s3o4d
인용(Citation)	Pfau, David, et al. "Disentangling by Subspace Diffusion." Advances in Neural Information Processing Systems 33 (2020).

S3O4D
다각도 랜더링

구글 딥마인드 팀이 공개한 데이터셋으로, 두 개의 3D 오브젝트를 다각도에서 촬영한 이미지 데이터셋입니다. 기존에 공개된 데이터셋 중에서 객체의 전방위적 회전 정보를 제공하는 대규모 데이터셋이 없었기에 딥마인드에서 직접 제작한 데이터셋이라고 합니다.

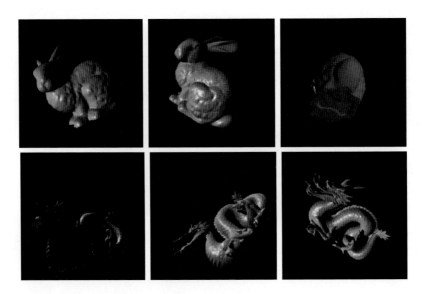

이 데이터셋을 활용한 흥미로운 연구결과

[1] Zhou, Sharon. On the Evaluation of Deep Generative Models. Diss. Stanford University, 2021.

3D Shapes
다각도 렌더링

분야	3D Object Reconstruction
데이터 요약	3D 랜더링된 여러 객체의 다각도 시점 및 객체의 변화과정 녹화
데이터 규모	480,000 프레임
데이터 포맷	비디오 프레임
라이선스	Apache 2.0
데이터 출처	https://github.com/deepmind/3d-shapes
인용(Citation)	Kim, Hyunjik, and Andriy Mnih. "Disentangling by factorising." International Conference on Machine Learning. PMLR, 2018.

Generative Query Networks Mujoco Environment를 활용하여 생성된 48만 장의 비디오 프레임 캡처로, 다양한 객체들의 형상과 각도, 색상을 변경하면서 촬영된 데이터셋입니다.

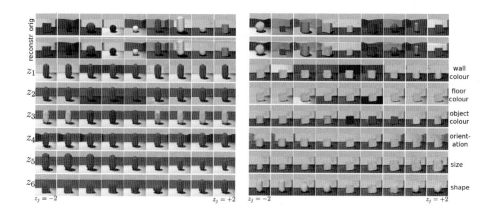

이 데이터셋을 활용한 흥미로운 연구결과

[1] Locatello, Francesco, et al. "Challenging common assumptions in the unsupervised learning of disentangled representations." international conference on machine learning. PMLR, 2019.

DATASET 078	분야	Depth Estimation, Semantic Segmentation

분야	Depth Estimation, Semantic Segmentation
데이터 요약	오브젝트가 많은 다양한 풍경에서 촬영된 이미지
데이터 규모	1,913장의 데이터 및 407,024장의 레이블되지 않은 이미지
데이터 포맷	이미지
라이선스	비영리 연구목적 사용 가능
데이터 출처	https://cs.nyu.edu/~silberman/datasets/nyu_depth_v2.html
인용(Citation)	Silberman, Nathan, et al. "Indoor segmentation and support inference from rgbd images." European conference on computer vision. Springer, Berlin, Heidelberg, 2012.

NYU Depth
깊이 추론

대부분 자율주행 분야 데이터들이 점령하다시피 한 Depth Estimation 분야에서 굉장히 귀한 일상 사진 데이터입니다. 상당히 수준 높은 품질의 Semantic Segmentation 레이블이 함께 제공됩니다.

이 데이터셋을 활용한 흥미로운 연구결과

[1] Lee, Minhyeok, et al. "EdgeConv with Attention Module for Monocular Depth Estimation." arXiv preprint arXiv:2106.08615(2021).

[2] Ma, Fangchang, and Sertac Karaman. "Sparse-to-dense: Depth prediction from sparse depth samples and a single image." 2018 IEEE international conference on robotics and automation (ICRA). IEEE, 2018.

분야	Depth Estimation
데이터 요약	가상 환경 내에서 에이전트가 관측한 다양한 객체 사이의 거리 데이터
데이터 규모	6개 클래스, 110,913 장
데이터 포맷	이미지
라이선스	Apache 2.0
데이터 출처	https://github.com/google-research/task_adaptation
인용(Citation)	Aaron Schumacher et al. Visual Task Adaptation Benchmark (VTAB). 2019. Available at https://github.com/google-research/task_adaptation.

DATASET 079
DMLab
깊이 추론

딥마인드에서 공개한 데이터셋으로, AI 에이전트가 관측한 환경 내부의 이미지 캡처입니다. 오브젝트와의 거리에 따라 (근접, 멀리, 아주 멀리) × (긍정적 보상, 부정적 보상) 총 6클래스로 레이블되어 있습니다.

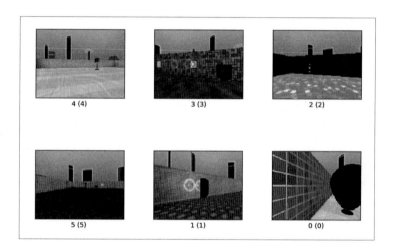

이 데이터셋을 활용한 흥미로운 연구결과

[1] Baradad, Manel, et al. "Learning to See by Looking at Noise." arXiv preprint arXiv:2106.05963 (2021).

[2] Garea, Sabela Ramos, et al. "RLDS: an Ecosystem to Generate, Share and Use Datasets in Reinforcement Learning." (2021).

AI, 빅데이터 활용이 쉬워지는
142가지 데이터셋

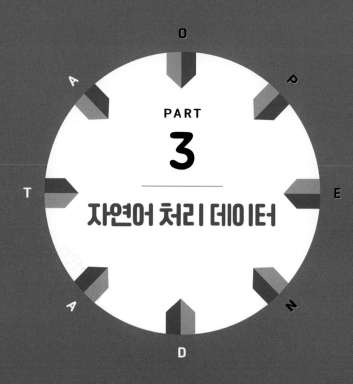

PART

3

자연어 처리 데이터

12

영어 자연어 처리 (NLP(EN))

WikiBio
위키피디아 문서

분야	Text Generation
데이터 요약	위키피디아에서 수집된 아티클들
데이터 규모	728,321건
데이터 포맷	텍스트
라이선스	CC BY-SA 3.0
데이터 출처	https://github.com/DavidGrangier/wikipedia-biography-dataset
인용(Citation)	Lebret, Rémi, David Grangier, and Michael Auli. "Neural text generation from structured data with application to the biography domain." arXiv preprint arXiv:1603.07771 (2016).

위키피디아 문서를 수집하여 제작한 데이터셋입니다. 첫 번째 문단과 인포박스 (infobox) 영역의 정보가 제공되며, 저자들은 이 데이터를 활용한 텍스트 생성(text generation) 모델을 선보였습니다.

(단위 : %)

구분	평균	백분위	
		5%	95%
# tokens per sentence	26.1	13	46
# tokens per table	53.1	20	108
# table tokens per sent.	9.5	3	19
# fields per table	19.7	9	36

이 데이터셋을 활용한 흥미로운 연구결과

[1] Liu, Tianyu, et al. "Table-to-text generation by structure-aware seq2seq learning." Thirty-Second AAAI Conference on Artificial Intelligence. 2018.

[2] Dhingra, Bhuwan, et al. "Handling divergent reference texts when evaluating table-to-text generation." arXiv preprint arXiv:1906.01081 (2019).

[3] Bao, Junwei, et al. "Table-to-text: Describing table region with natural language." Thirty-Second AAAI Conference on Artificial Intelligence. 2018.

분야	Natural Language Processing
데이터 요약	WebText에서 수집된 문서와 GPT-2를 통해 augment된 출력물
데이터 규모	75만 건
데이터 포맷	CSV
라이선스	MIT
데이터 출처	https://github.com/openai/gpt-2-output-dataset
인용(Citation)	Abhishek Thakur et al. Gpt-2-output-dataset. 2019. Available at https://github.com/openai/gpt-2-output-dataset

DATASET 081

GPT2 Output
대규모 텍스트

OpenAI에서 발표한 데이터셋으로, GPT-2를 활용하여 Augmentation된 대규모 텍스트 데이터셋입니다. WebText 데이터셋에서 수집된 문서 25만 건과 이를 활용하여 제작된 50만 건의 데이터입니다.

GPT-2 모델을 활용하여 직접 Augmentation을 수행하려면 상당한 시간과 비용이 소요되므로, 이 데이터셋을 활용하면 예산이 부족한 기관에서도 좋은 모델을 연구할 수 있습니다.

이 데이터셋을 활용한 흥미로운 연구결과

[1] Wolff, Max, and Stuart Wolff. "Attacking neural text detectors." arXiv preprint arXiv:2002.11768 (2020).

[2] Asadulaev, Arip, Gideon Stein, and Andrey Filchenkov. "Transgenerators." 2020 3rd International Conference on Algorithms, Computing and Artificial Intelligence. 2020.

[3] Lee, Jieh-Sheng, and Jieh Hsiang. "Prior art search and reranking for generated patent text." arXiv preprint arXiv:2009.09132 (2020).

Summ Screen
대화 요약

분야	Dialogue Summarization
데이터 요약	TV쇼 대본과 요약 캡션이 제공되는 텍스트 요약 과제 데이터셋
데이터 규모	26.9k instances, 337 캡션
데이터 포맷	Tokenized
라이선스	비영리 연구목적 사용 가능
데이터 출처	https://github.com/mingdachen/SummScreen
인용(Citation)	Chen, Mingda, et al. "SummScreen: A Dataset for Abstractive Screenplay Summarization." arXiv preprint arXiv:2104.07091 (2021).

TV쇼 대본을 요약하여 상황을 설명하는 캡션이 제공되는 데이터셋입니다.

Transcript:

[The apartment]

Sheldon : What color would you like to be ?
Leonard : Well , I 'd like to be green , but you know you always take it .
Sheldon : That 's not true . Any color 's fine with me . Yeah , I could be a - a combination of blue and yellow .
Leonard : Blue and yellow make green .
Sheldon : Well , then it 's settled .

Penny : Hi . Ready to go ?
Sheldon : Oh , good news , we ordered lunch , so we can all stay here and play Lord of the Rings Risk .
Amy : Sheldon , we said that we would play games with you tonight .
Sheldon : Oh , no , we 'll still be playing it tonight , this game can easily take eight hours .

Penny : Sweetie , you really thought I 'd want to do this ?
Leonard : No .
Penny : Well , did you tell him that ?
Leonard : Yes .
Penny : Did you say it out loud with words ?
Leonard : No .
Penny : I do n't want to spend the whole day playing a board game .

…

Recap:

Sheldon and Leonard are happy playing a board game until Amy and

---

이 데이터셋을 활용한 흥미로운 연구결과

[1] Zhang, Yusen, et al. "An Exploratory Study on Long Dialogue Summarization: What Works and What's Next." arXiv preprint arXiv:2109.04609 (2021).

분야	Document Summarization
데이터 요약	논문을 수집하여 제작된 문서 요약 데이터셋
데이터 규모	34만 8천여 건
데이터 포맷	JSON
라이선스	Apache 2.0
데이터 출처	https://github.com/armancohan/long-summarization
인용(Citation)	Cohan, Arman, et al. "A discourse-aware attention model for abstractive summarization of long documents." arXiv preprint arXiv:1804.05685 (2018).

DATASET 083

Long Summarization

논문 요약

Arxiv와 PubMed Open Access로부터 수집된 논문 데이터셋입니다. 무료로 공개된 논문의 본문과 초록 등의 정보를 수집한 자료로, 본문을 요약하여 초록을 생성하는 등의 장문 요약 과제에 사용하기 용이합니다.

```
{
    'article_id': str,
    'abstract_text': List[str],
    'article_text': List[str],
    'section_names': List[str],
    'sections': List[
                List[str]
            ]
}
```

이 데이터셋을 활용한 흥미로운 연구결과

[1] Liu, Yixin, Zi-Yi Dou, and Pengfei Liu. "Refsum: Refactoring neural summarization." arXiv preprint arXiv:2104.07210 (2021).

[2] Barrull, Roger, and Jugal Kalita. "Abstractive and mixed summarization for long-single documents." arXiv preprint arXiv:2007.01918 (2020).

PubMed Crawl
논문 정보 수집

분야	Scientific Articles
데이터 요약	학술데이터베이스인 펍메드(Pubmed) 등재 논문의 제목, 초록, 메타데이터와 논문에서 언급된 케미컬 등의 정보
데이터 규모	–
데이터 포맷	CSV로 출력
라이선스	개별 논문마다 다름
데이터 출처	https://github.com/needleworm/PubMed_Crawl_exe
인용(Citation)	–

펍메드에 등재된 논문들의 제목, 저자, 출판사, 출판연도, 초록, 피인용 회수 등 논문의 전반적인 메타데이터를 크롤링할 수 있는 툴입니다. 펍메드 공식 API를 활용한 도구로, 심지어 논문에서 언급된 케미컬 목록과 각각의 ID까지 열람할 수 있습니다.

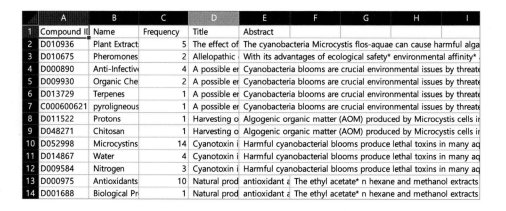

논문의 제목과 초록에는 저널의 종류에 따라 저작권이 성립할 수도 있으니, 상업적 사용 시 주의가 필요합니다.

DATASET **085**

DART
시멘틱 트리플렛

분야	Natural Language Processing
데이터 요약	시멘틱 트리플렛 데이터
데이터 규모	82,191개
데이터 포맷	JSON
라이선스	MIT
데이터 출처	https://github.com/Yale-LILY/dart
인용(Citation)	Nan, Linyong, et al. "Dart: Open-domain structured data record to text generation." arXiv preprint arXiv:2007.02871 (2020).

대량의 시멘틱 트리플렛으로 구성된 데이터셋입니다. 데이터는 JSON 형태로 제공되며, 출처와 원본 문장도 함께 제공됩니다.

```
{
    "tripleset": [
      [
        "Ben Mauk",
        "High school",
        "Kenton"
      ],
      [
        "Ben Mauk",
        "College",
        "Wake Forest Cincinnati"
      ]
    ],
    "subtree_was_extended": false,
    "annotations": [
      {
        "source": "WikiTableQuestions_lily",
        "text": "Ben Mauk, who attended Kenton High School, attended
Wake Forest Cincinnati for college."
      }
    ]
}
```

이 데이터셋을 활용한 흥미로운 연구결과

[1] Aghajanyan, Armen, et al. "HTLM: Hyper-Text Pre-Training and Prompting of Language Models." arXiv preprint arXiv:2107.06955 (2021).

[2] Cheng, Zhoujun, et al. "Hitab: A hierarchical table dataset for question answering and natural language generation." arXiv preprint arXiv:2108.06712 (2021).

DATASET **086**

Twitch
Chat
트위치 채팅

분야	Chat Log
데이터 요약	트위치 채팅 로그를 수집한 데이터입니다
데이터 규모	61,040,692토큰
데이터 포맷	CSV
라이선스	CC BY 4.0
데이터 출처	https://osf.io/39ev7/
인용(Citation)	Ringer, Charlie, Mihalis A Nicolaou, and James A Walker. "TwitchChat: A Dataset for Exploring Livestream Chat." OSF, 30 Nov. 2020. Web.

666개의 트위치 방송 스트리밍 영상으로부터 수집된 채팅 기록 데이터입니다. 데이터셋의 규모가 상당히 크지만, 논문 발표 시 데이터 리포지토리의 URL을 기재하여 두지 않은 탓에 아직 피인용된 적이 없습니다.

Feature	중앙값	사분범위(IQR)	최솟값	최댓값
Stream Documents per Streamer	1	2	1	21
Viewers per Stream	2,211	5,586	0	165,371
Messages per Stream Document	5,196	124,340	2	483,230
Message Length	2	4	1	266

뿐만 아니라 트위치에서는 채팅 로그를 수집하기 위한 API를 제공하기도 하므로, 대부분 연구자가 자기 취향에 맞는 전처리를 위하여 API를 사용하는 경향이 있으므로 이 데이터셋의 활용례가 검색되지 않는 것 같기도 합니다. API 활용법을 익히기 번거롭거나 이미 전처리가 된 데이터를 사용하고 싶다면 이 데이터셋을 유용하게 활용할 수 있을 것입니다.

13

한국어 자연어 처리 (NLP(KR))

ParaKQC
질문과 명령

분야	Semantic Text Similarity
데이터 요약	한국어로 제작된 질문과 명령 데이터셋입니다.
데이터 규모	STS Corpus : 494,500건, Paraphrase Corpus 45,000건
데이터 포맷	텍스트
라이선스	CC BY-SA 4.0
데이터 출처	https://github.com/warnikchow/paraKQC
인용(Citation)	Cho, Won Ik, et al. "Discourse component to sentence (DC2S): An efficient human-aided construction of paraphrase and sentence similarity dataset," Proceedings of The 12th Language Resources and Evaluation Conference. 2020.

한국어로 제작된 명령-질의 데이터셋으로, 문장 유사도 학습에 사용할 수 있는 데이터셋입니다. 이후 KLUE 등의 한국어 데이터셋에 편입되기도 했습니다.

구분	형태		분류 기준
Questions	Yes / No		whether or not -(in)ci, yepwu
	Alternative		what is/to do between -lang -cwung -han/hal kes
	WH - Questions	Who	person, identity sa-lam, ceng-chey
		What	meaning uy-mi
		Whrer	location, place wi-chi, cang-so
		When	time, period, hour si-kan, ki-kan, si-kak
		Why	reason i-yu
		How	method, measure pang-pep, tay-chayk
Commands	Prohibitions		Prohibition: not to - -ci anh-ki
	Require		Requirement: to - -(ha)-ki
	Strong Requirements		Requirement: to - -(ha)-ki

이 데이터셋을 활용한 흥미로운 연구결과

[1] Park, Sungjoon, et al. "KLUE: Korean Language Understanding Evaluation." arXiv preprint arXiv:2105.09680 (2021).

[2] Cho, Won Ik, Sangwhan Moon, and Youngsook Song. "Open Korean Corpora: A Practical Report." arXiv preprint arXiv:2012.15621 (2020).

Chatbot_data
챗봇

분야	Conversation
데이터 요약	사람에게 위로가 될 수 있는 답변 위주로 제작된 챗봇 데이터셋
데이터 규모	11,876 문답 페어
라이선스	MIT
데이터 포맷	CSV
데이터 출처	https://github.com/songys/Chatbot_data
인용(Citation)	Song, Youngsook, Chatbot_data. 2018. Available at https://github.com/songys/Chatbot_data.

챗봇 학습을 위한 문답 데이터셋으로, 사람에게 위로가 될 수 있을 만한 답변 위주로 작성되었다고 합니다. 챗봇의 답변은 일상, 부정(이별), 긍정(사랑)으로 분류되어 있습니다.

ChatbotData

Q	A	label
12시 땡!	하루가 또 가네요.	0
1지망 학교 떨어졌어	위로해 드립니다.	0
3박4일 놀러가고 싶다	여행은 언제나 좋죠.	0
3박4일 정도 놀러가고 싶다	여행은 언제나 좋죠.	0
PPL 심하네	눈살이 찌푸려지죠.	0
SD카드 망가졌어	다시 새로 사는 게 마음 편해요.	0
SD카드 안돼	다시 새로 사는 게 마음 편해요.	0

이 데이터셋을 활용한 흥미로운 연구결과

[1] Yun, Hyeonseo, and Sunyong Yoo. "Transformer-based Unethical Sentence Detection." Journal of Digital Contents Society 22.8 (2021): 1289-1293.

ClovaCall
음성 대화

분야	Voice Conversation
데이터 요약	클로바의 콜 베이스 음성 대화 데이터셋입니다.
데이터 규모	81,222건, 125시간 분량 Raw 데이터 / 67시간 분량 clean 데이터
데이터 포맷	WAV
라이선스	학술기관의 비영리 연구목적 사용만 허용
데이터 출처	https://github.com/clovaai/ClovaCall
인용(Citation)	Ha, Jung-Woo, et al. "ClovaCall: Korean goal-oriented dialog speech corpus for automatic speech recognition of contact centers." arXiv preprint arXiv:2004.09367 (2020).

네이버 인공지능 플랫폼인 클로바 팀에서 발표한 콜 베이스 음성 대화 데이터셋입니다. 인공지능을 활용한 음성인식 모델 학습에 활용하기 유용합니다.

값	단어 수	문자 수	음소 수	발화 지속시간 + 침묵
Voc size	4,704	613	53	–
Mean	4.39	13.79	32.39	2.94s +2.57
Stdev	1.99	5.50	12.99	1.77s +0.79
Max/Min	17/1	48/3	116/5	30s I 0.3s + 0 I 0.7

이 데이터는 학술기관 소속의 연구원이 페이지 내의 링크를 통해 별도를 신청한 경우에만 열람할 수 있으며, 별도의 엄격한 라이선스로 관리되고 있습니다.

이 데이터셋을 활용한 흥미로운 연구결과

[1] Cho, Won Ik, Sangwhan Moon, and Youngsook Song. "Open Korean Corpora: A Practical Report." arXiv preprint arXiv:2012.15621 (2020).

[2] Cho, Won Ik, et al. "Kosp2e: Korean Speech to English Translation Corpus." arXiv preprint arXiv:2107.02875 (2021).

[3] Bang, Jeong-Uk, et al. "Ksponspeech: Korean spontaneous speech corpus for automatic speech recognition." Applied Sciences 10.19 (2020): 6936.

DATASET 090

KorQuAD 2.0
질의응답

분야	Questions and Answers
데이터 요약	위키피디아에서 수집된 문답 쌍
데이터 규모	102,960페어
데이터 포맷	JSON
라이선스	CC BY-ND 2.0 KR
데이터 출처	https://korquad.github.io
인용(Citation)	Lim, Seungyoung, Myungji Kim, and Jooyoul Lee. "KorQuAD1. 0: Korean QA dataset for machine reading comprehension." arXiv preprint arXiv:1909.07005 (2019).

위키피디아에서 수집된 문답 쌍으로, 논문 발표 시점 당시 알려진 한국어 질의응답 데이터 중에서는 가장 큰 규모의 데이터셋입니다. 여담으로, KorQuAD는 LG CNS 에서 발표한 데이터셋이지만 현재 리더보드 최상단은 삼성 SDS에서 제작한 AI들이 점령하고 있습니다.

답변 길이	답변 유형	문답 예시
Short	구문 변형	Q. 외국인들을 위해 먹는 샘물이 일시 판매되었던 연도는 언제일까? A. (전략) 1988년 서울 올림픽 무렵 외국인들을 위하여 일시 판매를 허용했던 적이 있으나, 다시 판매를 제한하였다. (후략)
Short	어휘 변형	Q. 2009년 시즌 도중 경질된 지바 롯데의 감독은? A. (전략) 시즌 도중에 바비 밸런타임 감독의 해임이 발표되자 일부 팬들은 (후략)
Long	소제목 중복	Q. 피터슨과 노먼 그란츠의 관계는 어떤 과정을 통해 형성되었는가? Title. 오스카 피터슨 – #생애 – #노먼 그란츠
Long	소제목 변형	Q. 이경직의 가족 관계는 어떻게 이루어져 있는가? Title. 이경직 – #가계

이 데이터셋을 활용한 흥미로운 연구결과

[1] Lee, Hanbum, Jahwan Koo, and Ung-Mo Kim. "A Study on Emotion Analysis on Sentence using BERT." Proceedings of the Korea Information Processing Society Conference. Korea Information Processing Society, 2020.

Song-NER
개체명 인식

분야	Named Entity Recognition
데이터 요약	한국어 말뭉치로 구성된 개체명인식 데이터셋
데이터 규모	날짜 272개, 장소 29,799개, 인명 11,354개, 시간 48개
데이터 포맷	TSV
라이선스	CC BY-SA 2.0
데이터 출처	https://github.com/songys/entity
인용(Citation)	박혜웅, and 송영숙. "음절 기반의 CNN를 이용한 개체명 인식." 한국어정보학회 학술대회 (2017): 330-332.

국어 명사 중 날짜, 장소, 인명, 시간 등에 해당하는 개체명 말뭉치로 구성된 데이터셋입니다. 챗봇 등의 훈련 과정에서 개체명에 해당하는 음절을 추출하여 별도의 프로세싱을 거치는 등의 작업을 위한 학습에 사용 가능합니다.

명사를 추출하여 시각화한 예시 　　　　　 개체명을 추출하여 시각화한 예시

이를테면 "내일 저녁 7시에 이태원 파스타 가게 5명 예약해줘."라는 문장에서 날짜, 시간, 장소, 인원 등의 개체명을 추출하여 처리하는 것으로 챗봇이 인간의 명령을 분해하여 이해할 수 있게 됩니다.

이 데이터셋을 활용한 흥미로운 연구결과

[1] Hyunjoong Kim et al. Korpora:Korean Corpora Archives. 2019. Available at https://github.com/ko-nlp/Korpora

분야	Named Entity Recognition
데이터 요약	개체명 인식 코퍼스 데이터셋
데이터 규모	23,964건
데이터 포맷	텍스트
라이선스	비영리 연구목적
데이터 출처	https://github.com/kmounlp/NER
인용(Citation)	천민아, 다중 생성 단위의 관계 점수를 이용한 학습 말뭉치 생성: 개체명 말뭉치를 중심으로, 한국해양대교 대학원 컴퓨터공학과, 박사학위논문, 지도교수: 김재훈, 총 페이지: 134, 2021년 2월.

DATASET 092

KMOUNLP -NER

개체명 인식

한국해양대학교 자연어 처리 연구실에서 2016년에 작성한 보고서를 바탕으로 제작하여 공개한 데이터셋이라고 합니다. 한국어 문장을 토큰화한 다음 개체명에 해당하는 토큰에 별도로 레이블한 데이터입니다.

```
FeaturesDict({
    'lemma':Tensor(shape=(None,),dtype=tf.string),
    'named_entity':Tensor(shape=(None,),dtype=tf.string),
    'pos':Tensor(shape=(None,),dtype=tf.string),
    'recognized':Text(shape=(),dtype=tf.string),
    'text':Text(shape=(),dtype=tf.string),
    'tokens':Tensor(shape=(None,),dtype=tf.string),
})
```

이 데이터셋을 활용한 흥미로운 연구결과

[1] Cho, Won Ik, Sangwhan Moon, and Youngsook Song. "Open Korean Corpora: A Practical Report." arXiv preprint arXiv:2012.15621 (2020).

[2] Yoo, SoYeop, and OkRan Jeong. "Korean Contextual Information Extraction System using BERT and Knowledge Graph." Journal of Internet Computing and Services 21.3 (2020): 123-131.

[3] You, Yeon-Soo, and Hyuk-Ro Park. "Syllable-based Korean named entity recognition using convolutional neural network." 한국마린엔지니어링학회지 44.1 (2020): 68-74.

네이버 뉴스 기사에서 수집된 IT/과학 분야 기사 50개를 사람이 직접 요약하여 제작한 데이터셋입니다. 원본 뉴스기사의 저작권이 언론사에 귀속되어 있으므로 영리 목적 사용이 불가능합니다.

```json
{
    'title': "기사 제목",
    'source': "http://출처.출처",
    'slug': "can-be-used-as-unique-id",
    'length': 23,
    'summaries': [0, 1, 4, 7],
    'sentences': [
        "문장1",
        "문장2",
        ...
    ]
}
```

이 데이터셋을 활용한 흥미로운 연구결과

[1] Cho, Won Ik, Sangwhan Moon, and Youngsook Song. "Open Korean Corpora: A Practical Report." arXiv preprint arXiv:2012.15621 (2020).

Petitions
청와대 국민청원

분야	Raw Text
데이터 요약	만료된 청와대 국민청원 자료
데이터 규모	–
데이터 포맷	CSV
라이선스	KOGL 제1유형
데이터 출처	https://github.com/akngs/petitions
인용(Citation)	Alan Kang and Jieun Kim, Petition, 2017, Available at https://github.com/akngs/petitions.

만료된 청와대 국민청원 raw 데이터를 수집하는 파이썬 크롤러가 제공되며, 2017년까지의 국민청원 데이터를 CSV 형태로 제공해주기도 합니다.

```
petition.csv
        ·전체 데이터
petition_corrupted.csv
        ·전체 행 중에서 5%는 임의 필드 1개에 결측치 삽입
        ·범주(category)가 '육아/교육'이고 투표수(votes)가 50건 초과이면 20% 확률로
        투표수에 결측치 넣기
        ·나머지는 전체 데이터와 동일
petition_sampled.csv
        ·전체 데이터 중 5%만 임의추출한 데이터
petition_corrupted_sampled.csv
        ·결측치가 삽입된 샘플 데이터
        ·petition_corrupted.csv 파일에서 5%만 임의추출하여 생성
```

DATASET 095	분야	Language Understanding Evaluation
	데이터 요약	데이터셋에 대한 간략한 설명
KLUE	데이터 규모	총 239k 샘플
한국어 이해	데이터 포맷	JSON 등
	라이선스	CC BY-SA 4.0
	데이터 출처	https://github.com/KLUE-benchmark/KLUE
	인용(Citation)	Park, Sungjoon, et al. (2021). KLUE: Korean Language Understanding Evaluation. In Thirty-fifth Conference on Neural Information Processing Systems Datasets and Benchmarks Track (Round 2).

세계 최초의 한국어 NLU 벤치마크 데이터셋으로, 산업계와 학계가 함께 이루어낸 세기의 걸작이라 할 수 있는 데이터셋입니다. 한국어로만 구성된 데이터셋임에도 Neural IPS에 억셉되었으며, 피어리뷰 평균 점수도 8점 만점에 7점입니다. 앞으로 한국어 KLUE를 벤치마크 대상으로 제시하지 않은 한국어 NLU 연구는 설 자리가 좁아질 것으로 예상합니다.

Table 2: Task Overview

Name	Type	Format	Eval. Metric	# Class	{|Train|, |Dev|, |Test|}	Source	Style
KLUE-TC (YNAT)	Topic Classification	Single Sentence Classification	Macro F1	7	45k, 9k, 9k	News (Headline)	Formal
KLUE-STS	Semantic Textual Similarity	Sentence Pair Regression	Pearson's r, F1	[0, 5] 2	11k, 0.5k, 1k	News, Review, Query	Colloquial, Formal
KLUE-NLI	Natural Language Inference	Sentence Pair Classification	Accuracy	3	25k, 3k, 3k	News, Wikipedia, Review	Colloquial, Formal
KLUE-NER	Named Entity Recognition	Sequence Tagging	Entity-level Macro F1 Character-level Macro F1	6, 13	21k, 5k, 5k	News, Review	Colloquial, Formal
KLUE-RE	Relation Extraction	Single Sentence Classification (+2 Entity Spans)	Micro F1 (without *no_relation*), AUPRC	30	32k, 8k, 8k	Wikipedia, News	Formal
KLUE-DP	Dependency Parsing	Sequence Tagging (+ POS Tags)	Unlabeled Attachment Score, Labeled Attachment Score	# Words, 38	10k, 2k, 2.5k	News, Review	Colloquial, Formal
KLUE-MRC	Machine Reading Comprehension	Span Prediction	Exact Match, ROUGE-W (LCCS-based F1)	2	12k, 8k, 9k	Wikipedia, News	Formal
KLUE-DST (WoS)	Dialogue State Tracking	Slot-Value Prediction	Joint Goal Accuracy Slot Micro F1	(45)	8k, 1k, 1k	Task Oriented Dialogue	Colloquial

이 데이터셋을 활용한 흥미로운 연구결과

[1] Kim, Boseop, et al. "What Changes Can Large-scale Language Models Bring? Intensive Study on HyperCLOVA: Billions-scale Korean Generative Pretrained Transformers." arXiv preprint arXiv:2109.04650 (2021).

[2] Xu, Liang, et al. "Fewclue: A chinese few-shot learning evaluation benchmark." arXiv preprint arXiv:2107.07498 (2021).

KorNLU
문장 분류 및 유사성

분야	Natural Language Inference, Semantic Textual Similarity
데이터 요약	한국어로 제작된 NLI 데이터셋과 STS 데이터셋
데이터 규모	KorNLI – 950,354건, KorSTS – 8,628건
데이터 포맷	TSV
라이선스	CC BY–SA 4.0
데이터 출처	https://github.com/kakaobrain/KorNLUDatasets
인용(Citation)	Ham, Jiyeon, et al. "KorNLI and KorSTS: New Benchmark Datasets for Korean Natural Language Understanding." arXiv preprint arXiv:2004.03289 (2020).

한국어로 구성된 자연어추론 및 문장 유사성 분석 데이터셋으로, 카카오브레인에서 발표한 자료입니다. KorNLI에는 한 문장당 평균 7.1개 단어가, KorSTS에는 한 문장당 평균 7.7개 단어가 포함되어 있습니다.

KorNLI	
Example	Label
P: 저는, 그냥 알아내려고 거기 있었어요. H: 이해하려고 노력하고 있었어요.	Entailment
P: 저는, 그냥 알아내려고 거기 있었어요. H: 나는 처음부터 그것을 잘 이해했다.	Contradiction
P: 저는, 그냥 알아내려고 거기 있었어요. H: 나는 돈이 어디로 갔는지 이해하려고 했어요.	Neutral

KorSTS	
Example	Label
한 남자가 음식을 먹고 있다. 한 남자가 뭔가를 먹고 있다.	4.2
한 비행기가 착륙하고 있다. 애니메이션화된 비행기 하나가 착륙하고 있다.	2.8
한 여성이 고기를 요리하고 있다. 한 남자가 말하고 있다.	0.0

이 데이터셋을 활용한 흥미로운 연구결과

[1] Jang, Myeongjun, Deuk Sin Kwon, and Thomas Lukasiewicz. "Accurate, yet inconsistent? Consistency Analysis on Language Understanding Models." arXiv preprint arXiv:2108.06665 (2021).

[2] Lee, Hyunjae, et al. "KoreALBERT: Pretraining a Lite BERT Model for Korean Language Understanding." 2020 25th International Conference on Pattern Recognition (ICPR). IEEE, 2021.

네이버 영화 리뷰를 평점에 따라 부정적(1~4점), 중립(5~8점), 긍정적(9~10) 3개 카테고리로 분류하여 부정적 리뷰와 긍정적 리뷰만 남기고, 중립 리뷰는 제거한 데이터입니다. 부정적 데이터는 0, 긍정적 데이터는 1로 레이블되어 있습니다. 텍스트 분석을 통하여 리뷰어가 호의적인지 아닌지 구분하는 과제에 사용할 수 있습니다.

id	document	label
9976970	아 더빙.. 진짜 짜증나네요 목소리	0
3819312	흠...포스터보고 초딩영화줄....오버연기조차 가볍지 않구나	1
10265843	너무재미었다그래서보는것을추천한다	0
9045019	교도소 이야기구먼 ..솔직히 재미는 없다..평점 조정	0
6483659	사이몬페그의 익살스런 연기가 돋보였던 영화!스파이더맨에서 늙어보이기만 했던 커스틴 던스트가 너무나도 이뻐보였다	1
5403919	막 걸음마 뗀 3세부터 초등학교 1학년생인 8살용영화.ㅋㅋㅋ...별반개도 아까움.	0
7797314	원작의 긴장감을 제대로 살려내지못했다.	0
9443947	별 반개도 아깝다 욕나온다 이응경 길용우 연기생활이몇년인지..정말 발로해도 그것보단 낫겟다 납치.감금만반복반복..이드라마는 가족도없다 연기못하는사람만모엿네	0
7156791	액션이 없는데도 재미 있는 몇안되는 영화	1

이 데이터셋을 활용한 흥미로운 연구결과

[1] Park, Kyubyong, et al. "An Empirical Study of Tokenization Strategies for Various Korean NLP Tasks." arXiv preprint arXiv:2010.02534 (2020).

[2] Lee, Sangah, et al. "Kr-bert: A small-scale korean-specific language model." arXiv preprint arXiv:2008.03979 (2020).

[3] Lee, Young-Jun, Chae-Gyun Lim, and Ho-Jin Choi. "Korean-Specific Emotion Annotation Procedure Using N-Gram-Based Distant Supervision and Korean-Specific-Feature-Based Distant Supervision." Proceedings of The 12th Language Resources and Evaluation Conference. 2020.

분야	Text Semantic Analysis
데이터 요약	NSMC의 감정 레이블을 더욱 상세화
데이터 규모	트레이닝 데이터 9,999건, 테스트 데이터 9,999건
데이터 포맷	CSV
라이선스	MIT
데이터 출처	https://github.com/songys/Toxic_comment_data
인용(Citation)	Song, Youngsook, Toxic Comment, 2018. Available at https://github.com/songys/Toxic_comment_data.

DATASET 098

Toxic Comment
NSMC 감정 상세화

NSMC 데이터셋의 감정을 조금 더 세분화하여 부정적 리뷰들을 toxic, obscene, threat, insult, identity_hate 총 5개 카테고리로 다시 나눈 데이터셋입니다.

	id	document	toxic	obscene	threat	insult	identity_hate
9994	7448293	혹시나 그래도 카메론디아즈니까 하고봤는데...먼이런영화를..이도저도아닌 .아암튼 시...	1	0	0	0	0
9995	5824024	10점주는것들 한국영화는 1점주네. M창	1	0	0	0	0
9996	6420437	영상도 아름답고 뭘 말하는지 알겠지만 그렇기 때문에 짜증나고 답답하다	1	0	0	0	0
9997	6777278	영화를 왜 영화라고 하는지 모르는 애들이 나왔네.	1	0	0	0	0
9998	9238637	내가 이걸보고 며칠내내 화가났네 별이 아깝 어쩜이리쓰래기가... 내용잡다한거 다섞여...	1	0	0	0	0

DATASET **099**

3i4K
발화 의도 분석

분야	Semantic Analysis
데이터 요약	감정분석을 위한 데이터셋으로, 억양이 포함된 스피치 데이터가 포함됨
데이터 규모	Corpus 19,318건, Text 61,255건, Speech 7,000건
데이터 포맷	텍스트
라이선스	CC BY-SA 4.0
데이터 출처	https://github.com/warnikchow/3i4k
인용(Citation)	Cho, Won Ik, et al. "Speech intention understanding in a head-final language: A disambiguation utilizing intonation-dependency." arXiv preprint arXiv:1811.04231 (2018).

서울대학교에서 발표한 데이터셋으로, 발화의도 분석을 위한 Corpus와 text 데이터셋과 억양이 포함된 Speech 데이터셋이 제공됩니다.

Text-based sieving (for FCI module)	Intention	Instances		
		Corpus 20K	Text	Speech
Fragments	–	384	6,009	145
Clear-cut cases	statements	8,032	18,300	4,227
	questions	3,563	17,869	636
	commands	4,571	12,968	879
	RQs	613	1,745	954
	RCs	572	1,087	159
Intonation-dependent utterances	unknown (for 3A module)	1,583	3,277	440*
	Total	19,318	61,255	7,000

이 데이터셋을 활용한 흥미로운 연구결과

[1] Cho, Won Ik, Seok Min Kim, and Nam Soo Kim. "Investigating an effective character-level embedding in korean sentence classification." arXiv preprint arXiv:1905.13656 (2019).

[2] Cho, Won Ik, Sangwhan Moon, and Youngsook Song. "Open Korean Corpora: A Practical Report." arXiv preprint arXiv:2012.15621 (2020).

분야	Semantic Analysis
데이터 요약	연예 뉴스 기사에 달린 한국어 악플
데이터 규모	사람이 레이블한 데이터 9,381건, 레이블되지 않은 데이터 2,033,893건
데이터 포맷	TSV
라이선스	CC BY-SA 4.0
데이터 출처	https://github.com/kocohub/korean-hate-speech
인용(Citation)	Moon, Jihyung, Won Ik Cho, and Junbum Lee. "Beep! korean corpus of online news comments for toxic speech detection." arXiv preprint arXiv:2005.12503 (2020).

DATASET **100**

Korean Hate Speech
혐오발언

세상에서 가장 악플이 많이 달리는 장소인 연예 분야 뉴스 기사의 댓글을 수집하여 레이블링한 데이터입니다. 함께 제공되는 스크립트를 활용하면 데이터를 JSON과 유사한 형태로 받아볼 수 있습니다.

Comments	Contain gender bias	Bias	Hate
송중기 시대극은 믿고본다. 첫회 신선하고 좋았다.	False	none	none
지현우 나쁜놈	False	none	offensive
알바쓰고많이만들면되지 돈욕심없으면골목식당왜 나온겨 기댕기게나하고 산에가서팔어라	False	none	hate
설마 ㅈ 현정 작가 아니지??	True	gender	hate

이 데이터셋을 활용한 흥미로운 연구결과

[1] Lee, Chanhee, et al. "Exploring the Data Efficiency of Cross-Lingual Post-Training in Pretrained Language Models." Applied Sciences 11.5 (2021): 1974.

[2] Lee, Seyoung, and Saerom Park. "Hate Speech Classification Using Ordinal Regression." Proceedings of the Korean Society of Computer Information Conference. Korean Society of Computer Information, 2021.

[3] Lee, Wonseok, and Hyunsang Lee. "Bias & Hate Speech Detection Using Deep Learning: Multi-channel CNN Modeling with Attention." Journal of the Korea Institute of Information and Communication Engineering 24.12 (2020): 1595-1603.

KAIST Corpus
코퍼스 데이터셋 모음

분야	Natural Language Processing, Machine Translation
데이터 요약	한국어 위주의 다양한 자연어 코퍼스 데이터셋
데이터 규모	개별 서술
데이터 포맷	–
라이선스	비영리 연구목적 사용 가능
데이터 출처	http://semanticweb.kaist.ac.kr/home/index.php/KAIST_Corpus
인용(Citation)	명시되지 않음

카이스트의 SWRC(Semantic Web Reserch Center)에서 발표한 데이터셋으로, 규모가 크고 코퍼스의 품질이 높은 것이 특징입니다. 데이터 다운로드 절차가 번거롭고 인용이나 라이선스 정보가 기재되어 있지 않아 피인용 수는 낮은 것이 특징입니다. 벤치마크 용도 보다는 모델 제작 과정에 활용하기에 적합합니다.

Title	Language	Size	Release
KAIST Raw corpus	한국어	70,000,000 phrases	1997
High quality morpho–syntatically annotated corpus	한국어	1,000,000 phrases	2000
Automatically Analyzed Large Scale KAIST Corpus	한국어	40,000,000 phrases	1997
Korean Tree–Tagging Corpus	한국어	3,000 sentences	1998
Tree–tagged corpus 2	한국어	30,000 sentences	2000
Chinese Tagged corpus	한국어	10,000 sentences	2001
Chiness–English–Korean multilingual corpus	한국어, 영어, 중국어	60,000 sentences	2000
Chinese–English multilingual corpus	영어, 중국어	60,000 sentences	2005
Chinese–Korean multilingual corpus	한국어, 중국어	60,000 sentences	2005
English–Korean Multilingual Corpus	한국어, 영어	60,000 sentences	2005
Newspaper corpus (Hankyoreh)	한국어	620 files	2005
Newspaper Corpus (Donga–Korean, English, Japanese, Chinese)	한국어, 중국어, 일본어	1,791 files	2005

이 데이터셋을 활용한 흥미로운 연구결과

[1] Kim, Myung Hee, and Nathalie Colineau. "An Enhanced Mapping Scheme of the Universal Part-Of-Speech for Korean." Proceedings of the 12th Language Resources and Evaluation Conference. 2020.

DATASET 102	

ARC
지능검사 문제

분야	Abstract Reasoning
데이터 요약	지능검사에 주로 활용되는 지각추론 문제들입니다.
데이터 규모	800 tasks
데이터 포맷	JSON
라이선스	Apache 2.0
데이터 출처	https://github.com/fchollet/ARC/
인용(Citation)	Chollet, François. "On the measure of intelligence." arXiv preprint arXiv:1911.01547 (2019).

AI의 지능을 평가하기 위한 지각추론 데이터셋입니다. 강화학습의 Environment와 유사하게 작동시킬 수 있으며, 문제마다 3번의 도전 기회가 주어집니다.

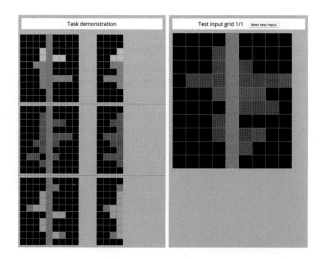

이 데이터셋을 활용한 흥미로운 연구결과

[1] Kolev, Victor, Bogdan Georgiev, and Svetlin Penkov. "Neural Abstract Reasoner." arXiv preprint arXiv:2011.09860 (2020).

[2] Qi, Yonggang, et al. "PQA: Perceptual Question Answering." Proceedings of the IEEE/CVF Conference on Computer Vision and Pattern Recognition. 2021.

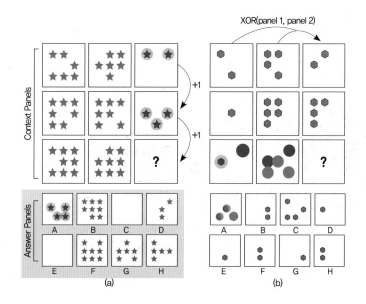

DATASET 103	분야	Abstract Reasoning
	데이터 요약	지능검사 등에 주로 활용되는 행렬추론 문제
ARM	데이터 규모	142만 건
행렬추론	데이터 포맷	NPZ
	라이선스	Apache 2.0
	데이터 출처	https://github.com/deepmind/abstract-reasoning-matrices
	인용(Citation)	Barrett, David, et al. "Measuring abstract reasoning in neural networks." International conference on machine learning. PMLR, 2018.

딥마인드 팀에서 발표한 데이터셋으로, 지각추론 부문 데이터셋입니다. Artificial General Intelligence를 개발하는 것이 딥마인드의 궁극적 목표이다 보니 이런 데이터셋을 제작한 것 같습니다.

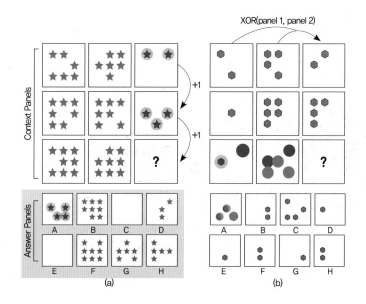

이 데이터셋을 활용한 흥미로운 연구결과

[1] Garnelo, Marta, and Murray Shanahan. "Reconciling deep learning with symbolic artificial intelligence: representing objects and relations." Current Opinion in Behavioral Sciences 29 (2019): 17-23.

AI2 ARC
과학 시험문제

분야	Abstract Reasoning
데이터 요약	객관식 과학 문제
데이터 규모	7,787문제
데이터 포맷	JSON
라이선스	CC BY–SA 4.0
데이터 출처	https://allenai.org/data/arc
인용(Citation)	Clark, Peter, et al. "Think you have solved question answering? try arc, the ai2 reasoning challenge." arXiv preprint arXiv:1803.05457 (2018).

객관식 과학 문제와 보기, 정답으로 구성된 JSON 데이터이며, CSV 형태의 데이터도 제공합니다. 현재 리더보드의 1위는 81%가량의 정확도를 보이고 있습니다.

```
{
  "id": "MCAS_2000_4_6",
  "question": {
    "stem": "Which technology was developed most recently?",
    "choices": [
      {
        "text": "cellular telephone",
        "label": "A"
      },{
        "text": "television",
        "label": "B"
      },{
        "text": "refrigerator",
        "label": "C"
      },{
        "text": "airplane",
        "label": "D"
      }
    ]
  },
  "answerKey": "A"
}
```

이 데이터셋을 활용한 흥미로운 연구결과

[1] Yadav, Vikas, Steven Bethard, and Mihai Surdeanu. "Alignment over heterogeneous embeddings for question answering." Proceedings of the 2019 Conference of the North American Chapter of the Association for Computational Linguistics: Human Language Technologies, Volume 1 (Long and Short Papers). 2019.

[2] Ni, Jianmo, et al. "Learning to attend on essential terms: An enhanced retriever-reader model for open-domain question answering." arXiv preprint arXiv:1808.09492 (2018).

DATASET 105	분야	Question Answering
	데이터 요약	대화 기반 질의응답 데이터
NQ-Open	데이터 규모	90,535건
영어 질의응답	데이터 포맷	JSON
	라이선스	CC BY-SA 3.0
	데이터 출처	https://github.com/google-research-datasets/natural-questions/tree/master/nq_open
	인용(Citation)	Kwiatkowski, Tom, et al. "Natural questions: a benchmark for question answering research." Transactions of the Association for Computational Linguistics 7 (2019): 453–466.

구글에서 발표한 데이터셋으로, 동일 질문에 대한 긴 답변과 짧은 답변이 대규모로 수록되어 있습니다.

> **Question:** what color was john wilkes booth's hair
> **Wikipedia Page:** John_Wilkes_Booth
> **Long answer:** Some critics called Booth "the handsomest man in America" and a "natural genius", and noted his having an "astonishing memory"; others were mixed in their estimation of his acting. He stood 5 feet 8 inches (1.73 m) tall, had jet-black hair , and was lean and athletic. Noted Civil War reporter George Alfred Townsend described him as a "muscular, perfect man" with "curling hair, like a Corinthian capital".
>
> **Short answer:** jet-black

이 데이터셋을 활용한 흥미로운 연구결과

[1] Fajcik, Martin, et al. "Pruning the index contents for memory efficient open-domain qa." arXiv preprint arXiv:2102.10697(2021).

[2] Zhang, Michael JQ, and Eunsol Choi. "SituatedQA: Incorporating Extra-Linguistic Contexts into QA." arXiv preprint arXiv:2109.06157 (2021).

[3] Gao, Yifan, et al. "Answering ambiguous questions through generative evidence fusion and round-trip prediction." arXiv preprint arXiv:2011.13137 (2020).

DATASET 106

SQuAD
독해 기반 질의응답

분야	Reading Comprehension based Question Answering
데이터 요약	위키피디아 장문을 읽고 질문한 후 대답하는 데이터셋
데이터 규모	15만 건
데이터 포맷	JSON
라이선스	CC BY-SA 4.0
데이터 출처	https://rajpurkar.github.io/SQuAD-explorer/
인용(Citation)	Rajpurkar, Pranav, Robin Jia, and Percy Liang. "Know what you don't know: Unanswerable questions for SQuAD." arXiv preprint arXiv:1806.03822 (2018).

위키피디아 아티클을 기반으로 하여 제작된 데이터셋으로, 장문의 질문을 독해한 다음 질문에 대답하는 과제 수행을 위한 데이터셋입니다.

Reasoning	Description	Example	Percentage
Negation	Negation word inserted or removed.	Sentence: *"Several hospital pharmacies have decided to outsource high risk preparations . . ."* Question: *"What types of pharmacy functions have **never** been outsourced?"*	9%
Antonym	Antonym used.	S: *"the extinction of the dinosaurs. . . allowed the tropical rainforest to spread out across the continent."* Q: *"The extinction of what led to the **decline** of rainforests?"*	20%
Entity Swap	Entity, number, or date replaced with other entity, number, or date.	S: *"These values are much greater than the 9–88 cm as projected . . . in its Third Assessment Report."* Q: *"What was the projection of sea level increases in the **fourth assessment report**?"*	21%
Mutual Exclusion	Word or phrase is mutually exclusive with something for which an answer is present.	S: *"BSkyB. . . waiv[ed] the charge for subscribers whose package included two or more premium channels."* Q: *"What service did BSkyB **give away for free unconditionally**?"*	15%
Impossible Condition	Asks for condition that is not satisfied by anything in the paragraph.	S: *"Union forces left Jacksonville and confronted a Confederate Army at the Battle of Olustee. . . Union forces then retreated to Jacksonville and held the city for the remainder of the war."* Q: *"After what battle did Union forces leave Jacksonville **for good**?"*	4%
Other Neutral	Other cases where the paragraph does not imply any answer.	S: *"Schuenemann et al. concluded in 2011 that the Black Death. . . was caused by a variant of Y. pestis. . ."* Q: *"Who **discovered** Y. pestis?"*	24%
Answerable	Question is answerable (i.e. dataset noise).		7%

이 데이터셋을 활용한 흥미로운 연구결과

[1] Rajpurkar, Pranav, Robin Jia, and Percy Liang. "Know what you don't know: Unanswerable questions for SQuAD." arXiv preprint arXiv:1806.03822 (2018).

[2] Carrino, Casimiro Pio, Marta R. Costa-jussà, and José AR Fonollosa. "Automatic spanish translation of the squad dataset for multilingual question answering." arXiv preprint arXiv:1912.05200 (2019).

[3] Möller, Timo, et al. "Covid-qa: A question answering dataset for covid-19." (2020).

분야	Conversational Question and Answering
데이터 요약	대화 기반 문답 데이터
데이터 규모	127,000개 이상의 문답
데이터 포맷	JSON
라이선스	CC BY-SA 4.0, MSR-LA, Apache 2.0 및 비영리 라이선스 혼합
데이터 출처	https://stanfordnlp.github.io/coqa/
인용(Citation)	Reddy, Siva, Danqi Chen, and Christopher D. Manning. "Coqa: A conversational question answering challenge." Transactions of the Association for Computational Linguistics 7 (2019): 249-266.

DATASET 107

CoQA
대화 기반 질의응답

대화 기반 문답 데이터셋입니다. 데이터셋 내용물 중 중고교 시험문제의 경우 RACE dataset을 인용하였는데, RACE dataset은 라이선스가 명시되지 않아 비영리 사용만 가능합니다. 이 외의 출처는 모두 상업적 이용도 가능토록 개방된 라이선스입니다. 따라서 CoQA를 상업적 용도로 사용하려면 RACE Dataset만 제외하고 사용하면 됩니다.

Q_1: Who had a birthday?
A_1: Jessica
R_1: Jessica went to sit in her rocking chair. Today was her birthday and she was turning 80.

Q_2: How old would she be?
A_2: 80
R_2: she was turning 80

Q_3: Did she plan to have any visitors?
A_3: Yes
R_3: Her granddaughter Annie was coming over

Q_4: How many?
A_4: Three
R_4: Her granddaughter Annie was coming over in the after-noon and Jessica was very excited to see her. Her daughter Melanie and Melanie's husband Josh were coming as well.

Q_5: Who?
A_5: Annie, Melanie and Josh
R_5: Her granddaughter Annie was coming over in the after-noon and Jessica was very excited to see her. Her daughter Melanie and Melanie's husband Josh were coming as well.

이 데이터셋을 활용한 흥미로운 연구결과

[1] Dong, Li, et al. "Unified language model pre-training for natural language understanding and generation." arXiv preprint arXiv:1905.03197 (2019).

[2] Radford, Alec, et al. "Language models are unsupervised multitask learners." OpenAI blog 1.8 (2019): 9.

[3] Yatskar, Mark. "A qualitative comparison of coqa, squad 2.0 and quac." arXiv preprint arXiv:1809.10735 (2018).

15

기계번역
(Machine Translation)

분야	Multilingual Question Answering
데이터 요약	11개 언어로 제작된 대규모 문답 데이터
데이터 규모	언어당 1,190가지 문답
데이터 포맷	JSON
라이선스	CC BY-SA 4.0
데이터 출처	https://github.com/deepmind/xquad
인용(Citation)	Artetxe, Mikel, Sebastian Ruder, and Dani Yogatama. "On the cross-lingual transferability of monolingual representations." arXiv preprint arXiv:1910.11856 (2019).

DATASET 108

XQuAD
다국어 질의응답

11개 국어로 제작된 문답 데이터셋이며, SQuAD 데이터셋을 토대로 확장된 데이터 셋입니다. 기계번역으로 생성된 문장이 아니라 전문가가 문장을 번역했습니다.

Lang	Context paragraph w/ answer spans	Questions
en	The heat required for boiling the water and supplying the steam can be derived from various sources, most commonly from [**burning combustible materials**]$_1$ with an appropriate supply of air in a closed space (called variously [**combustion chamber**]$_2$, firebox). In some cases the heat source is a nuclear reactor, geothermal energy, [**solar**]$_3$ energy or waste heat from an internal combustion engine or industrial process. In the case of model or toy steam engines, the heat source can be an [**electric**]$_4$ heating element.	1. What is the usual source of heat for boiling water in the steam engine? 2. Aside from firebox, what is another name for the space in which combustible material is burned in the engine? 3. Along with nuclear, geothermal and internal combustion engine waste heat, what sort of energy might supply the heat for a steam engine? 4. What type of heating element is often used in toy steam engines?
es	El calor necesario para hervir el agua y suministrar el vapor puede derivarse de varias fuentes, generalmente de [**la quema de materiales combustibles**]$_1$ con un suministro adecuado de aire en un espacio cerrado (llamado de varias maneras: [**cámara de combustión**]$_2$, chimenea...). En algunos casos la fuente de calor es un reactor nuclear, energía geotérmica, [**energía solar**]$_3$ o calor residual de un motor de combustión interna o proceso industrial. En el caso de modelos o motores de vapor de juguete, la fuente de calor puede ser un calentador [**eléctrico**]$_4$.	1. ¿Cuál es la fuente de calor habitual para hacer hervir el agua en la máquina de vapor? 2. Aparte de cámara de combustión, ¿qué otro nombre que se le da al espacio en el que se quema el material combustible en el motor? 3. Junto con el calor residual de la energía nuclear, geotérmica y de los motores de combustión interna, ¿qué tipo de energía podría suministrar el calor para una máquina de vapor? 4. ¿Qué tipo de elemento calefactor se utiliza a menudo en las máquinas de vapor de juguete?
zh	让水沸腾以提供蒸汽所需热量有多种来源，最常见的是在封闭空间（别称有 [**燃烧室**]$_2$、火箱）中供应适量空气来 [**燃烧可燃材料**]$_1$。在某些情况下，热源是核反应堆、地热能、[**太阳能**]$_3$ 或来自内燃机或工业过程的废气。如果是模型或玩具蒸汽发动机，还可以将 [**电**]$_4$ 加热元件作为热源。	1. 蒸汽机中让水沸腾的常用热源是什么？ 2. 除了火箱之外，发动机内燃烧可燃材料的空间的别名是什么？ 3. 除了核能、地热能和内燃机废气以外，还有什么热源可以为蒸汽机供能？ 4. 玩具蒸汽机通常使用什么类型的加热元件？

이 데이터셋을 활용한 흥미로운 연구결과

[1] Gupta, Somil, and Nilesh Khade. "BERT Based Multilingual Machine Comprehension in English and Hindi." arXiv preprint arXiv:2006.01432 (2020).

[2] Efimov, Pavel, et al. "SberQuAD-Russian reading comprehension dataset: Description and analysis." International Conference of the Cross-Language Evaluation Forum for European Languages. Springer, Cham, 2020.

MLQA
다국어 질의응답

분야	Multilingual Question Answering
데이터 요약	7개 국어 문답
데이터 규모	46,444건
라이선스	JSON
데이터 포맷	CC BY-SA 3.0
데이터 출처	https://github.com/facebookresearch/MLQA
인용(Citation)	Lewis, Patrick, et al. "MLQA: Evaluating cross-lingual extractive question answering." arXiv preprint arXiv:1910.07475 (2019).

페이스북에서 발표한 다국어 질의응답 데이터셋입니다. 총 7개 국어를 지원합니다.

En	During what time period did the Angles migrate to Great Britain?

The name "England" is derived from the Old English name Englaland [...] The Angles were one of the Germanic tribes that settled in Great Britain during the *Early Middle Ages*. [...] The Welsh name for the English language is "Saesneg"

De	Während welcher Zeitperiode migrierten die Angeln nach Großbritannien?

Der Name England leitet sich vom altenglischen Wort Engaland [...] Die Angeln waren ein germanischer Stamm, der das Land im *Frühmittelalter* besiedelte. [...] ein Verweis auf die weißen Klippen von Dover.

Ar	في أي حقبة زمنية هاجر الأنجل إلى بريطانيا العظمى؟

والتي تعني "أرض الأنجل". والأنجل كانت واحدة ،Englaland يشتق اسم "إنجلترا" من الكلمة الإنجليزية القديمة من القبائل الجرمانية التي استقرت في إنجلترا خلال *أوائل العصور الوسطى*. [...] وقد سماها العرب قديما الإنكتار

Vi	Trong khoảng thời gian nào người Angles di cư đến Anh?

Tên gọi của Anh trong tiếng Việt bắt nguồn từ tiếng Trung. [...] Người Angle là một trong những bộ tộc German định cư tại Anh trong *Thời đầu Trung Cổ*. [...] dường như nó liên quan tới phong tục gọi người German tại Anh là Angli Saxones hay Anh - Sachsen.

(a)

En	What are the names given to the campuses on the east side of the land the university sits on?

The campus is in the residential area of Westwood [...] The campus is informally divided into *North Campus and South Campus*, which are both on the eastern half of the university's land. [...] The campus includes [...] a mix of architectural styles.

Es	¿Cuáles son los nombres dados a los campus ubicados en el lado este del recinto donde se encuentra la universidad?

El campus incluye [...] una mezcla de estilos arquitectónicos. Informalmente está dividido en *Campus Norte y Campus Sur*, ambos localizados en la parte este del terreno que posee la universidad. [...] El Campus Sur está enfocado en la ciencias físicas [...] y el Centro Médico Ronald Reagan de UCLA.

Zh	位于大学占地东半部的校园名称是什么?

整个校园被不正式地分为*南北两个校园*，这两个校园都位于大学占地的东半部。北校区是原校园的中心，建筑以文艺复兴时代建筑闻名，其中的包威尔图书馆（Powell Library）成为好莱坞电影的最佳拍摄场景。[...] 这个广场曾在许多电影中出现。

Hi	विश्वविद्यालय जहाँ स्थित है, उसके पूर्वी दिशा में बने परिसरों को क्या नाम दिया गया है?

जब 1919 में यूसीएलए ने अपना नया परिसर खोला, तब इसमें चार इमारतें थी। [...] परिसर अनौपचारिक रूप से *उत्तरी परिसर और दक्षिणी परिसर* में विभाजित है, जो दोनों विश्वविद्यालय की जमीन के पूर्वी हिस्से में स्थित हैं। [...] दक्षिणी परिसर में भौतिक विज्ञान, जीव विज्ञान, इंजीनियरिंग, मनोविज्ञान, गणितीय विज्ञान, सभी स्वास्थ्य से संबंधित क्षेत्र और यूएलसीए मेडिकल सेंटर स्थित है।

(b)

이 데이터셋을 활용한 흥미로운 연구결과

[1] Nooralahzadeh, Farhad, et al. "Zero-shot cross-lingual transfer with meta learning." arXiv preprint arXiv:2003.02739 (2020).

[2] Loginova, Ekaterina, Stalin Varanasi, and Günter Neumann. "Towards end-to-end multilingual question answering." Information Systems Frontiers 23.1 (2021): 227-241.

분야	Multilingual Question Answering
데이터 요약	11개 국어로 수집된 문답 데이터셋
데이터 규모	20만 4천여 건
데이터 포맷	JSON
라이선스	Apache 2.0
데이터 출처	https://github.com/google-research-datasets/tydiqa
인용(Citation)	Clark, Jonathan H., et al. "TyDi QA: A benchmark for information-seeking question answering in typologically diverse languages." Transactions of the Association for Computational Linguistics 8 (2020): 454-470.

DATASET 110

TyDi
다국어 질의응답

11개 국어로 수집된 문답 데이터셋입니다. 다국어 문답뿐 아니라 기계번역 학습 용도로 사용되는 경우도 있습니다.

Q: Kuka keksi   viiko-n-päivä-t   ?
   who invented week-GEN-day-PL ?
   Who invented the days of the week?

A: Seitsen-päivä-inen   viikko   on
   seven-NOM-day-PL.ADJ week-NOM is
   todennäköisesti lähtöisin Babylonia-sta...
   likely   origin   Babylonia-ELA
   The seven-day week is likely from Babylonia.

Q: من هو موزارت ؟
   mn hw mwzArt ?
   Who is Muzart?
A: أماديوس موتسارت
   >mAdyws mwtsArt
   ...Amadeus Mozart ...

이 데이터셋을 활용한 흥미로운 연구결과

[1] Asai, Akari, and Eunsol Choi. "Challenges in information seeking qa: Unanswerable questions and paragraph retrieval." arXiv preprint arXiv:2010.11915 (2020).

[2] Asai, Akari, et al. "XOR QA: Cross-lingual open-retrieval question answering." arXiv preprint arXiv:2010.11856 (2020).

DATASET 111

FloRes-101
101가지 언어 번역

분야	Machine Translation
데이터 요약	101가지 언어로 제작된 기계번역 데이터셋
데이터 규모	언어당 3,001개의 문장
데이터 포맷	텍스트
라이선스	CC BY-SA 4.0
데이터 출처	https://github.com/facebookresearch/flores/
인용(Citation)	Goyal, Naman, et al. "The FLORES-101 Evaluation Benchmark for Low-Resource and Multilingual Machine Translation." arXiv preprint arXiv:2106.03193 (2021).

페이스북에서 발표한 대규모 기계번역 데이터셋으로, 101가지 언어를 지원합니다.

데이터 분할	# 문서 수		# 문장 수
dev	281	997	
devtest	281	1012	
test		280	992
출처	# 문서 수		# 문장 수
WikiNews	309	993	
WikiJunior	284	1006	
WikiVoyage		249	1002
하위주제	# 문서 수		# 문장 수
Crime	155	313	
Disasters	27	65	
Entertainment	28	68	
Geography	36	86	
Health	27	67	
Nature	17	45	
Politics	171	341	
Science	154	325	
Sports	154	162	
Travel		505	1529

이 데이터셋을 활용한 흥미로운 연구결과

[1] Dankers, Verna, Elia Bruni, and Dieuwke Hupkes. "The paradox of the compositionality of natural language: a neural machine translation case study." arXiv preprint arXiv:2108.05885 (2021).

Ted Talks
테드 강연

분야	Machine Translation
데이터 요약	Ted 강연 자막에서 추출된 Common Corpus 데이터셋
데이터 규모	50가지 언어, 언어별 2,400건
데이터 포맷	CSV
라이선스	비영리 연구목적 사용 가능
데이터 출처	https://github.com/neulab/word-embeddings-for-nmt
인용(Citation)	Qi, Ye, et al. "When and why are pre-trained word embeddings useful for neural machine translation?." HLT-NAACL, (2018).

TED 강연 영상에 부착된 번역 자막 데이터를 활용하여 제작된 데이터셋입니다. TED 영상 자막은 인간이 손수 번역하여 부착한 것이므로, 높은 번역 품질을 기대할 수 있는 데이터셋입니다. 다만, 청중의 이해를 돕기 위한 의역이나 관용표현 등이 포함되었을 수도 있습니다.

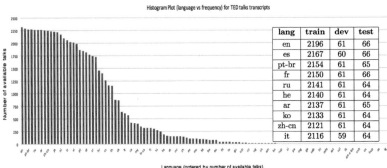

Histogram Plot (language vs frequency) for TED talks transcripts

lang	train	dev	test
en	2196	61	66
es	2167	60	66
pt-br	2154	61	65
fr	2150	61	66
ru	2141	61	64
he	2140	61	64
ar	2137	61	65
ko	2133	61	64
zh-cn	2121	61	64
it	2116	59	64

Language (ordered by number of available talks)

이 데이터셋을 활용한 흥미로운 연구결과

[1] Aharoni, Roee, Melvin Johnson, and Orhan Firat. "Massively multilingual neural machine translation." arXiv preprint arXiv:1903.00089 (2019).

[2] Nguyen, Toan Q., and Julian Salazar. "Transformers without tears: Improving the normalization of self-attention." arXiv preprint arXiv:1910.05895 (2019).

[3] He, Tianyu, et al. "Language graph distillation for low-resource machine translation." arXiv preprint arXiv:1908.06258 (2019).

KPC
한국어, 영어,
불어 매핑

분야	Machine Translation
데이터 요약	한국어-영어, 한국어-불어, 문화어-영어 코퍼스
데이터 규모	96,982개 이상의 문장
데이터 포맷	TXT
라이선스	CC BY-SA 3.0
데이터 출처	https://github.com/jungyeul/korean-parallel-corpora
인용(Citation)	Park, Jungyeul, Jeen-Pyo Hong, and Jeong-Won Cha. "Korean language resources for everyone." Proceedings of the 30th Pacific Asia conference on language, information and computation: Oral Papers. 2016.

한국어와 문화어를 영어와 불어로 매핑하는 번역 데이터셋입니다. 논문 발표 시점인 2016년 대비 새로운 데이터들이 계속하여 추가되고 있습니다.

---

(1) a. 그러나 경복궁에는 조선 창업의 뜻이 담겨 있으며, 500여 년 동안 조선을 상징하는 장소로 인식되었다.

  b. Still, Gyeongbokgung does embody the spirit of the Joseon founders and for some 500 years has stood as an enduring symbol of the Joseon dynasty. (97.01%)

(2) a. 그러한 경복궁에 일본 식민지 통치를 위한 중추 기관인 조선총독부 신청사를 건설한 것은 지독히도 폭력적인 방법이었다.

  b. Since Korea's liberation in 1945, there had been calls for the removal of **the government general's building, which** served as a painful reminder of Japan's colonial rule. (64.47%)

(3) a. 1990년대 조선총독부 건물을 헐어내고 경복궁을 복원하기 시작한 것은 사실 매우 논란의 여지가 있는 작업이다.

  b. But upon the demolition of this building in the early 1990s, which enabled the Gyeongbokgung restoration project to get underway, even this was not free of its own controversy. (63.51%)

(4) a. 그러나 이러한 기억 투쟁이 식민지 시기를 펼쳐내고자 하는 사회적 요구에 의한 것이라는 점도 **부인할 수는** 없다.

  b. In any case, **no one can dispute** the value of restoring Gyeongbokgung to its former glory and magnificence. (18.75%)

이 데이터셋을 활용한 흥미로운 연구결과

[1] Raganato, Alessandro, Yves Scherrer, and Jörg Tiedemann. "Fixed encoder self-attention patterns in transformer-based machine translation." arXiv preprint arXiv:2002.10260 (2020).

[2] Park, Jungyeul, and Francis Tyers. "A new annotation scheme for the Sejong part-of-speech tagged corpus." Proceedings of the 13th Linguistic Annotation Workshop. 2019.

AI, 빅데이터 활용이 쉬워지는
142가지 데이터셋

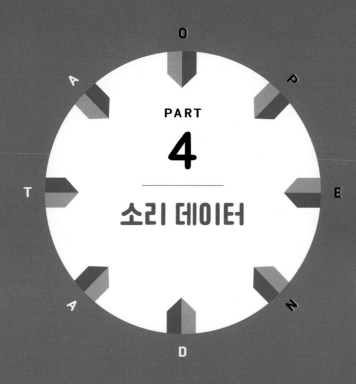

PART

4

소리 데이터

16

음성 발화
(Speech and
Voices)

분야	Speech Corpus
데이터 요약	0부터 9까지의 숫자를 영어로 발음한 음성 데이터셋
데이터 규모	3,000건
데이터 포맷	WAV
라이선스	CC BY-SA 4.0
데이터 출처	https://github.com/Jakobovski/free-spoken-digit-dataset
인용(Citation)	Zohar Jackson, Free-spoken-digit-dataset. (2016). Available at https://github.com/Jakobovski/free-spoken-digit-dataset.

DATASET 114

Spoken Digit
음성 MNIST

Zohar Jackson이 발표한 데이터셋으로, 6명의 발화자가 50회씩 발음한 숫자 음성 데이터 3,000건을 제공합니다. Jackson은 이다지도 훌륭한 데이터셋을 만들어두고서도 논문조차 발표하지 않았고, 무료로 데이터셋을 풀어버렸습니다. 저자는 이 데이터셋 뿐만 아니라 다른 연구결과를 별도의 논문으로 작성하지 않고 깃허브 리포지토리에 그냥 올려두기도 하는 대인배입니다.

Jakobovski Update README.md		cdd52e9 on 31 May	55 commits
acquire_data	Import print function from future		3 years ago
recordings	Adds new speaker lucas		14 months ago
utils	typo		2 years ago
.gitignore	Added utility to get spectrograms		5 years ago
README.md	Update README.md		5 months ago
__init__.py	Initial commit		5 years ago
metadata.py	Adds new speaker lucas		14 months ago
pip_requirements.txt	Save spectrogram directly at correct size		3 years ago

이 데이터셋을 활용한 흥미로운 연구결과

[1] Nasr, Seham, Muhannad Quwaider, and Rizwan Qureshi. "Text-independent Speaker Recognition using Deep Neural Networks." 2021 International Conference on Information Technology (ICIT). IEEE, 2021.

[2] Borsos, Zalán, Marco Tagliasacchi, and Andreas Krause. "Semi-supervised Batch Active Learning via Bilevel Optimization." ICASSP 2021-2021 IEEE International Conference on Acoustics, Speech and Signal Processing (ICASSP). IEEE, 2021.

Libri Speech
대규모 음성 코퍼스

분야	Speech Corpus
데이터 요약	대규모 영어 음성 코퍼스
데이터 규모	1,000h 분량
데이터 포맷	MP3 (16kHz)
라이선스	CC BY 4.0
데이터 출처	https://www.openslr.org/12
인용(Citation)	Panayotov, Vassil, et al. "Librispeech: an asr corpus based on public domain audio books." 2015 IEEE international conference on acoustics, speech and signal processing (ICASSP). IEEE, 2015.

영어권 화자가 녹음한 대규모 음성 코퍼스 데이터셋입니다. LibriVox 프로젝트에서 공개된 오디오북에서 추출된 데이터입니다.

subset	hours	per-spk minutes	female spkrs	male spkrs	total spkrs
dev-clean	5.4	8	20	20	40
test-clean	5.4	8	20	20	40
dev-other	5.3	10	16	17	33
test-other	5.1	10	17	16	33
train-clean-100	100.6	25	125	126	251
train-clean-360	363.6	25	439	482	921
train-other-500	496.7	30	564	602	1166

이 데이터셋을 활용한 흥미로운 연구결과

[1] Amodei, Dario, et al. "Deep speech 2: End-to-end speech recognition in english and mandarin." International conference on machine learning. PMLR, 2016.

[2] Lüscher, Christoph, et al. "RWTH ASR Systems for LibriSpeech: Hybrid vs Attention--w/o Data Augmentation." arXiv preprint arXiv:1905.03072 (2019).

[3] Wang, Quan, et al. "Voicefilter: Targeted voice separation by speaker-conditioned spectrogram masking." arXiv preprint arXiv:1810.04826 (2018).

LibriTTS
음성 코퍼스

분야	Spoken Corpus
데이터 요약	LibriSpeech의 후속작으로 오디오 품질이 24kHz로 개선되는 등의 변화
데이터 규모	585시간 분량
데이터 포맷	WAV
라이선스	CC BY 4.0
데이터 출처	http://www.openslr.org/60
인용(Citation)	Zen, Heiga, et al. "LibriTTS: A corpus derived from LibriSpeech for text-to-speech." arXiv preprint arXiv:1904.02882 (2019).

LibriSpeech의 후속작 포지션의 데이터셋입니다. 오디오 품질이 24 kHz로 개선되었으며, 음절 단위가 아니라 문장 단위로 사운드가 분할되었습니다. 또한 문장의 텍스트 정보가 제공되며, 문맥 정보가 함께 제공됩니다.

Subset	Hours	Female speakers	Male speakers	Total speakers
dev-clean	8.97	20	20	40
test-clean	8.56	19	20	39
dev-other	6.43	16	17	33
test-other	6.69	17	16	33
train-clean-100	53.78	123	124	247
train-clean-360	191.29	430	474	904
train-other-500	310.08	560	600	1,160
Total	585.80	1,185	1,271	2,456

이 데이터셋을 활용한 흥미로운 연구결과

[1] Kadioğlu, Berkan, et al. "An empirical study of Conv-TasNet." ICASSP 2020-2020 IEEE International Conference on Acoustics, Speech and Signal Processing (ICASSP). IEEE, 2020.

[2] Cho, Jaejin, et al. "Learning speaker embedding from text-to-speech." arXiv preprint arXiv:2010.11221 (2020).

[3] Williams, Jennifer, et al. "Comparison of speech representations for automatic quality estimation in multi-speaker text-to-speech synthesis." arXiv preprint arXiv:2002.12645 (2020).

DATASET 117	

LJSpeech
오디오북

분야	Speech Audio Clip
데이터 요약	7권의 책으로부터 추출된 구절을 오디오 클립으로 추출한 데이터셋
데이터 규모	24시간 분량
데이터 포맷	MP3 (128 kbps)
라이선스	Public Domain
데이터 출처	https://keithito.com/LJ-Speech-Dataset/
인용(Citation)	Keith Ito and Linda Johnson. The LJ Speech Dataset. (2017). Available at https://keithito.com/LJ-Speech-Dataset.

1884~1964년에 발간되어 저작권이 만료된 책을 음성으로 변환한 데이터입니다. LibriVox 프로젝트의 일환으로 2016~2017년에 걸쳐 녹음되었습니다.

Total Clips	13,100
Total Words	225,715
Total Characters	1,308,678
Total Duration	23:55:17
Mean Clip Duration	6.57 sec
Min Clip Duration	1.11 sec
Max Clip Duration	10.10 sec
Mean Words per Clip	17.23
Distinct Words	13,821

이 데이터셋을 활용한 흥미로운 연구결과

[1] Zeng, Zhen, et al. "Aligntts: Efficient feed-forward text-to-speech system without explicit alignment." ICASSP 2020-2020 IEEE international conference on acoustics, speech and signal processing (ICASSP). IEEE, 2020.

[2] Ren, Yi, et al. "Fastspeech: Fast, robust and controllable text to speech." arXiv preprint arXiv:1905.09263 (2019).

Common Voice Corpus
대규모 음성 코퍼스

분야	Speech Corpus
데이터 요약	모질라 재단에서 발표한 76개 언어 음성 코퍼스
데이터 규모	13,905시간
데이터 포맷	MP3
라이선스	CC-0
데이터 출처	https://commonvoice.mozilla.org/en/datasets
인용(Citation)	Ardila, Rosana, et al. "Common voice: A massively-multilingual speech corpus." arXiv preprint arXiv:1912.06670 (2019).

모질라 재단에서 공개한 데이터셋으로, 세계 최대 규모 수준의 데이터셋을 퍼블릭 도메인으로 무료로 공개하여 화제가 된 데이터입니다.

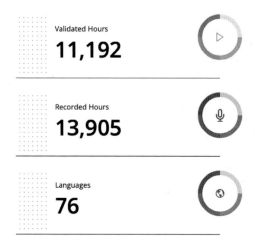

이 데이터셋을 활용한 흥미로운 연구결과

[1] Salesky, Elizabeth, et al. "The multilingual TEDx corpus for speech recognition and translation." arXiv preprint arXiv:2102.01757 (2021).

[2] Tyers, Francis M., and Josh Meyer. "What shall we do with an hour of data? Speech recognition for the un-and under-served languages of Common Voice." arXiv preprint arXiv:2105.04674(2021).

분야	Human Emotion Recognition
데이터 요약	91명의 배우를 동원하여 촬영된 다양한 감정별 영상과 소리 데이터
데이터 규모	7,442 클립
데이터 포맷	FLV
라이선스	ODBL 1.0
데이터 출처	https://github.com/CheyneyComputerScience/CREMA-D
인용(Citation)	Cao, Houwei, et al. "Crema-d: Crowd-sourced emotional multimodal actors dataset." IEEE transactions on affective computing 5.4 (2014): 377-390.

DATASET 119

CREMA-D
감정 인식

91명의 배우를 고용하여 그린스크린 앞에서 연기하는 영상을 촬영한 데이터셋입니다. 각각의 배우들은 12개의 문장을 읽으며 6종류의 감정을 연기합니다. 연령과 인종 또한 최대한 다양하게 고용하여, bias가 낮은 데이터셋을 만들기 위해 노력했다고 합니다.

neutral　　　　　　happy　　　　　　fear

이 데이터셋을 활용한 흥미로운 연구결과

[1] Pappagari, Raghavendra, et al. "x-vectors meet emotions: A study on dependencies between emotion and speaker recognition." ICASSP 2020-2020 IEEE International Conference on Acoustics, Speech and Signal Processing (ICASSP). IEEE, 2020.

[2] Singh, Rajwinder, et al. "An efficient language-independent acoustic emotion classification system." Arabian Journal for Science and Engineering 45.4 (2020): 3111-3121.

[3] Singh, Rajwinder, et al. "An efficient language-independent acoustic emotion classification system." Arabian Journal for Science and Engineering 45.4 (2020): 3111-3121.

DATASET **120**	분야	Utterance Video
	데이터 요약	유튜브에서 수집된 유명인 6,112명의 발화 영상
VoxCeleb2	데이터 규모	145,569 클립, 1,092,009 건의 발화
대규모 발화 데이터	데이터 포맷	비디오 (25fps)
	라이선스	비영리 연구 목적 사용 가능
	데이터 출처	https://www.robots.ox.ac.uk/~vgg/data/voxceleb/vox2.html
	인용(Citation)	Chung, Joon Son, Arsha Nagrani, and Andrew Zisserman. "Voxceleb2: Deep speaker recognition." arXiv preprint arXiv:1806.05622 (2018).

과거에 공개되었던 VoxCeleb 데이터셋의 확장 후속작입니다. 유튜브에서 수집된 여러 유명인들의 발화 장면이 촬영된 영상입니다. 저자들은 발화자 찾기(Speaker recognition) 과제 수행에 이 데이터셋을 활용했습니다만, 다른 분야의 모델에도 활발히 인용되고 있습니다.

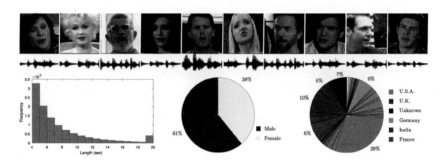

이 데이터셋을 활용한 흥미로운 연구결과

[1] Pham, Minh, Zeqian Li, and Jacob Whitehill. "Toward better speaker embeddings: Automated collection of speech samples from unknown distinct speakers." ICASSP 2020-2020 IEEE International Conference on Acoustics, Speech and Signal Processing (ICASSP). IEEE, 2020.

[2] Zeinali, Hossein, et al. "But system description to voxceleb speaker recognition challenge 2019." arXiv preprint arXiv:1910.12592 (2019).

[3] Ghahabi, Omid, and Volker Fischer. "EML System Description for VoxCeleb Speaker Diarization Challenge 2020." arXiv preprint arXiv:2010.12497 (2020).

DATASET 121	분야	Lip Reading
LRW 입술 읽기(단어)	데이터 요약	입술의 움직임을 통해 어떤 단어를 발화하는 중인지 추론하기
	데이터 규모	1,000 발화, 각각 29프레임(1.16초)
	데이터 포맷	MP4
	라이선스	비영리 연구목적 사용 가능
	데이터 출처	https://www.robots.ox.ac.uk/~vgg/data/lip_reading/lrw1.html
	인용(Citation)	Chung, Joon Son, and Andrew Zisserman. "Lip reading in the wild." Asian conference on computer vision. Springer, Cham, 2016.

BBC 뉴스 영상 등으로부터 수집된 영상 데이터로, 화자의 입술을 보고 어떤 단어를 발음하는 중인지 알아맞히는 일종의 독순술 데이터셋입니다. 소리에 의존하는 자막 생성기법에 비하여 더욱 뛰어난 자동 자막 생성에 활용될 수 있는 데이터셋입니다.

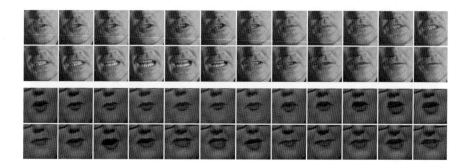

이 데이터셋을 활용한 흥미로운 연구결과

[1] Martinez, Brais, et al. "Lipreading using temporal convolutional networks." ICASSP 2020-2020 IEEE International Conference on Acoustics, Speech and Signal Processing (ICASSP). IEEE, 2020.

[2] Weng, Xinshuo, and Kris Kitani. "Learning spatio-temporal features with two-stream deep 3d cnns for lipreading." arXiv preprint arXiv:1905.02540 (2019).

[3] Chen, Lele, et al. "Hierarchical cross-modal talking face generation with dynamic pixel-wise loss." Proceedings of the IEEE/CVF Conference on Computer Vision and Pattern Recognition. 2019.

DATASET **122**	분야	Lip Reading
	데이터 요약	입술의 움직임을 분석하여 어떤 문장을 발화하는 중인지 추론하기
LRS3-TED	데이터 규모	15만여 건의 발화
	데이터 포맷	비디오
입술 읽기(문장)	라이선스	비영리 연구목적 사용 가능
	데이터 출처	https://www.robots.ox.ac.uk/~vgg/data/lip_reading/lrs3.html
	인용(Citation)	Afouras, Triantafyllos, Joon Son Chung, and Andrew Zisserman. "LRS3-TED: a large-scale dataset for visual speech recognition." arXiv preprint arXiv:1809.00496 (2018).

유튜브와 TED 강연 등에서 수집된 영상으로, 입술의 모양을 보고 어떤 문장을 발화했는지 알아맞히는 과제입니다.

이 데이터셋을 활용한 흥미로운 연구결과

[1] Xu, Bo, et al. "Watch to listen clearly: Visual speech enhancement driven multi-modality speech recognition." Proceedings of the IEEE/CVF Winter Conference on Applications of Computer Vision. 2020.

[2] Makino, Takaki, et al. "Recurrent neural network transducer for audio-visual speech recognition." 2019 IEEE automatic speech recognition and understanding workshop (ASRU). IEEE, 2019.

[3] Afouras, Triantafyllos, et al. "Deep audio-visual speech recognition." IEEE transactions on pattern analysis and machine intelligence (2018).

CHAPTER

17

음악 및 소리 (Music and Sound)

분야	Sound Separation
데이터 요약	357클래스의 싱글 사운드와 믹스 사운드
데이터 규모	23시간 분량
데이터 포맷	WAV
라이선스	CC BY-4.0
데이터 출처	https://github.com/google-research/sound-separation/tree/master/datasets/fuss
인용(Citation)	Wisdom, Scott, et al. "What's all the fuss about free universal sound separation data?." ICASSP 2021-2021 IEEE International Conference on Acoustics, Speech and Signal Processing (ICASSP). IEEE, 2021.

DATASET 123

FUSS
소리 분해

세계적인 인공지능 기반 음향 이벤트 및 장면 인식 기술 경진 대회(DCASE)인 DCASE 2021 워크숍의 챌린지 4번 태스크에서 제시되었던 데이터셋으로, 섞여 있는 소리를 분해해서 357개의 개별 클래스 사운드로 복원하는 모델 학습용 데이터셋입니다.

Table 1. Local overlap amount (%) per source count.

Count	Dry FUSS					Rev FUSS				
	0	1	2	3	4	0	1	2	3	4
1	19	81				23	77			
2	13	63	24			20	59	21		
3	8	47	36	9		11	45	35	8	
4	7	36	34	20	4	10	35	33	19	3

이 데이터셋을 활용한 흥미로운 연구결과

[1] Turpault, Nicolas, and Romain Serizel. "Training sound event detection on a heterogeneous dataset." arXiv preprint arXiv:2007.03931 (2020).

[2] Turpault, Nicolas, et al. "Improving sound event detection in domestic environments using sound separation." arXiv preprint arXiv:2007.03932 (2020).

[3] Turpault, Nicolas, et al. "Sound Event Detection and Separation: a Benchmark on Desed Synthetic Soundscapes." ICASSP 2021-2021 IEEE International Conference on Acoustics, Speech and Signal Processing (ICASSP). IEEE, 2021.

<table>
<tr><td>DATASET 124</td><td>분야</td><td>Music MIDI</td></tr>
<tr><td></td><td>데이터 요약</td><td>클래식 음악 미디 데이터</td></tr>
<tr><td># CMM</td><td>데이터 규모</td><td>265곡</td></tr>
<tr><td></td><td>데이터 포맷</td><td>MIDI</td></tr>
<tr><td></td><td>라이선스</td><td>퍼블릭 도메인</td></tr>
<tr><td>클래식 음악</td><td>데이터 출처</td><td>https://www.kaggle.com/soumikrakshit/classical-music-midi</td></tr>
<tr><td></td><td>인용(Citation)</td><td>Soumik Rakshit, Classical Music MIDI, 2019. Available at https://www.kaggle.com/soumikrakshit/classical-music-midi.</td></tr>
</table>

클래식 음악 곡들의 MIDI 포맷 파일 모음집입니다. 클래식 작곡가 19인의 작품들을
수집하여 제작한 데이터셋입니다.

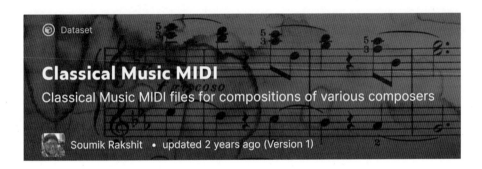

이 데이터셋을 활용한 흥미로운 연구결과

[1] Karinka Kapoor, Music Generation:LSTM. (2021). Kaggle Notebook.
Available at https://www.kaggle.com/karnikakapoor/music-generation-lstm/notebook

분야	Music MIDI
데이터 요약	전자 드럼 키트로 수집한 드럼 비트 악보
데이터 규모	1,150곡, 13.6시간 분량
데이터 포맷	MIDI
라이선스	CC BY 4.0
데이터 출처	https://magenta.tensorflow.org/datasets/groove
인용(Citation)	Jon Gillick, Adam Roberts, Jesse Engel, Douglas Eck, and David Bamman. "Learning to Groove with Inverse Sequence Transformations." International Conference on Machine Learning (ICML), 2019.

DATASET 125

GMD
전자 드럼

구글에서 제작하여 공개한 데이터셋으로, Roland TD-11이라는 기종의 전자드럼으로 녹음한 전자드럼 곡 미디 파일 모음입니다.

Split	Beats	Fills	Measures (approx.)	Hits	Duration (minutes)
Train	378	519	17752	357618	648.5
Validation	48	76	2269	44044	82.2
Test	77	52	2193	43832	84.3
Total	503	647	22214	445494	815.0

이 데이터셋을 활용한 흥미로운 연구결과

[1] Callender, Lee, Curtis Hawthorne, and Jesse Engel. "Improving perceptual quality of drum transcription with the expanded groove midi dataset." arXiv preprint arXiv:2004.00188 (2020).

[2] Roberts, Adam, et al. "Magenta studio: Augmenting creativity with deep learning in ableton live." (2019).

[3] Burloiu, Grigore, and CINETic UNATC. "Adaptive Drum Machine Microtiming with Transfer Learning and RNNs." Extended Abstracts for the Late-Breaking Demo Session of the International Society for Music Information Retrieval Conference (ISMIR). 2020.

E-GMD
전자 드럼

분야	Music MIDI
데이터 요약	43 드럼킷으로 녹음된 미디 악보
데이터 규모	444시간, 총 45,537곡
데이터 포맷	MIDI
라이선스	CC BY 4.0
데이터 출처	https://magenta.tensorflow.org/datasets/e-gmd
인용(Citation)	Lee Callender, Curtis Hawthorne, and Jesse Engel. "Improving Perceptual Quality of Drum Transcription with the Expanded Groove MIDI Dataset." 2020. arXiv:2004.00188.

GMD 데이터셋을 확장한 후속작으로, 전작 대비 27배가량 거대해진 데이터셋입니다. 규모가 너무 크다 보니 모델의 크기를 충분히 키우거나, 미니배치 사이즈를 거대한 규모로 잡아야 할 것으로 생각됩니다.

Split	Unique Sequences	Total Sequences	Duration (hours)
Train	819	35,217	341.4
Test	123	5,289	50.9
Validation	117	5,031	52.2
Total	1,059	45,537	444.5

이 데이터셋을 활용한 흥미로운 연구결과

[1] Rué Vilà, Aleix. Drums generation from a tapped pattern. BS thesis. Universitat Politècnica de Catalunya, 2020.

DATASET **127**

NSynth
대규모 악보

분야	Musical Notes
데이터 요약	대규모 악보 데이터
데이터 규모	305,979 음표, 1,006 악기
데이터 포맷	TFRecord, JSON
라이선스	CC BY 4.0
데이터 출처	https://magenta.tensorflow.org/datasets/nsynth
인용(Citation)	Jesse Engel, Cinjon Resnick, Adam Roberts, Sander Dieleman, Douglas Eck, Karen Simonyan, and Mohammad Norouzi. "Neural Audio Synthesis of Musical Notes with WaveNet Autoencoders." 2017.

음악계의 MNIST나 CIFAR와 같은 클래식 벤치마크를 표방하는 데이터셋으로, 구글의 예술 창작 학습 AI 알고리즘을 설계하는 마젠타 프로젝트(https://magenta.tensorflow.org)에서 공개한 자료입니다. 텐서플로에서 활용하기 용이한 TFRecord 포맷을 제공하므로 사용하기 쉽습니다.

```
"bass_synthetic_033-022-050": {
    "note": 201034,
    "sample_rate": 16000,
    "instrument_family": 0,
    "qualities": [0, 1, 0, 0, 0, 0, 0, 0, 0, 0],
    "instrument_source_str": "synthetic",
    "note_str": "bass_synthetic_033-022-050",
    "instrument_family_str": "bass",
    "instrument_str": "bass_synthetic_033",
    "pitch": 22,
    "instrument": 417,
    "velocity": 50,
    "instrument_source": 2,
    "qualities_str": [
        "dark"
    ]
}
```

이 데이터셋을 활용한 흥미로운 연구결과

[1] Engel, Jesse, et al. "DDSP: Differentiable digital signal processing." arXiv preprint arXiv:2001.04643 (2020).

[2] Nistal, Javier, Stefan Lattner, and Gael Richard. "Comparing representations for audio synthesis using generative adversarial networks." 2020 28th European Signal Processing Conference (EUSIPCO). IEEE, 2021.

분야	Music MIDI
데이터 요약	대규모 화음 미디 데이터
데이터 규모	21,600,000여 건
데이터 포맷	MIDI
라이선스	CC BY 4.0
데이터 출처	https://magenta.tensorflow.org/datasets/bach-doodle
인용(Citation)	Cheng-Zhi Anna Huang, Curtis Hawthorne, Adam Roberts, Monica Dinculescu, James Wexler, Leon Hong and Jacob Howcroft. "The Bach Doodle: Approachable music composition with machine learning at scale." International Society for Music Information Retrieval, 2019.

DATASET 128

Bach-Doodle
화음

Bach Doodle 프로젝트로부터 수집된, 일종의 크라우드 소싱 기반 대규모 화음 데이터셋입니다. Bach Doodle 프로젝트는 유저가 입력한 멜로디에 자동으로 화음을 깔아주는 프로젝트며, 유저들의 반응이 좋았던 화음을 취합하여 데이터셋으로 만들었다고 합니다.

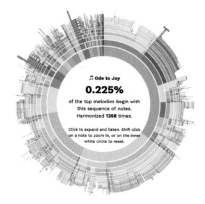

이 데이터셋을 활용한 흥미로운 연구결과

[1] Chi, Wayne, et al. "Generating music with a self-correcting non-chronological autoregressive model." arXiv preprint arXiv:2008.08927 (2020).

[2] Cambouropoulos, Emilios, and Maximos Kaliakatsos-Papakostas. "Cognitive Musicology and Artificial Intelligence: Harmonic Analysis, Learning, and Generation." Handbook of Artificial Intelligence for Music. Springer, Cham, 2021. 263-281.

분야	Musical Notes and Waveforms
데이터 요약	대규모 피아노 연주 데이터셋
데이터 규모	200시간
데이터 포맷	MIDI 및 WAV
라이선스	CC BY-NC-SA 4.0
데이터 출처	https://magenta.tensorflow.org/datasets/maestro
인용(Citation)	Curtis Hawthorne, Andriy Stasyuk, Adam Roberts, Ian Simon, Cheng-Zhi Anna Huang, Sander Dieleman, Erich Elsen, Jesse Engel, and Douglas Eck. "Enabling Factorized Piano Music Modeling and Generation with the MAESTRO Dataset." In International Conference on Learning Representations, 2019.

DATASET 129

MAESTRO
피아노 연주

피아노 연주 악보를 미디로 채보[1]한 데이터와 이를 WAV 파일 형식으로 변환한 오디오 파일이 제공됩니다.

Split	Performances	Compositions	Duration (approx.)	Size (GB) (hours)	Notes (millions)
Train	954	295	140.1	83.6	5.06
Validation	105	60	15.3	9.1	0.54
Test	125	75	16.9	10.1	0.57
Total	1184	430	172.3	102.8	6.18

이 데이터셋을 활용한 흥미로운 연구결과

[1] Choi, Kristy, et al. "Encoding musical style with transformer autoencoders." International Conference on Machine Learning. PMLR, 2020.

[2] Dong, Hao-Wen, et al. "MusPy: A Toolkit for Symbolic Music Generation." arXiv preprint arXiv:2008.01951 (2020).

[3] Kim, Sunghyeon, et al. "Deep composer classification using symbolic representation." arXiv preprint arXiv:2010.00823 (2020).

---

1) 음악을 듣고 악보로 옮겨 적는 것

AI, 빅데이터 활용이 쉬워지는
142가지 데이터셋

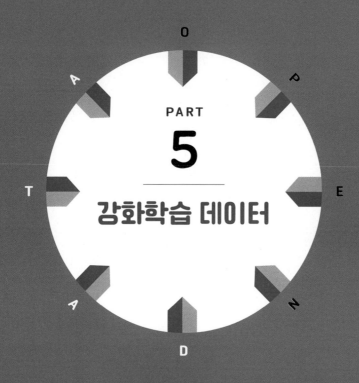

PART

5

강화학습 데이터

18

강화학습
(Reinforcement Learning Environments)

분야	Reinforcement Learning Environment
데이터 요약	비선형 복잡계 온실 제어 모델
데이터 규모	–
데이터 포맷	Python Script
라이선스	MIT
데이터 출처	https://github.com/needleworm/greenhouse_ai
인용(Citation)	Ban, Byunghyun, and Soobin Kim. "Control of nonlinear, complex and black-boxed greenhouse system with reinforcement learning." ICTC2017. IEEE, 2017.

DATASET 130

Green House
온실 시뮬레이션

비선형 복잡계 환경 제어 모델 학습을 위한 Environment입니다. 파이썬 스크립트 형태의 환경이며, AI 에이전트와 Environment가 서로 한 턴씩 수를 주고받는 형태입니다. 에이전트의 입력을 받아 시스템은 파라미터 업데이트를 수행하며, 관측 가능한 값을 AI에게 전달해줍니다.

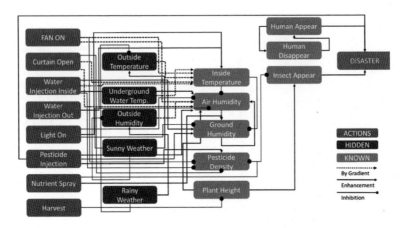

이 데이터셋을 활용한 흥미로운 연구결과

[1] 정대현. Development of Artificial Intelligence-based Climate Control System for Smart Greenhouse. Diss. 서울대학교 농업생명과학대학 대학원 박사학위논문, 2020.

[2] Latif, Abdul, et al. "Temperature and Humidity Controlling System for Baby Incubator." Journal of Robotics and Control (JRC) 2.3 (2021): 190-193.

DATASET **131**

OpenAI GYM
대규모 강화학습 환경들

분야	Reinforcement Learning
데이터 요약	OpenAI팀에서 발표한 대규모 강화학습 환경입니다.
데이터 규모	–
데이터 포맷	Python Package
라이선스	MIT
데이터 출처	https://gym.openai.com/
인용(Citation)	Brockman, Greg, et al. "Openai gym." arXiv preprint arXiv:1606.01540 (2016).

Algorithms

사용자의 입력값에 따른 컴퓨터의 출력값 알고리즘을 강화학습을 통해 학습시켜보는 데이터셋입니다. 단순 반복문이나 조건문을 활용하여 사용자 입력에 대한 출력값을 계산하는 것이 아니라, 강화학습을 통해 사용자가 원하는 반응을 학습하는 것이 포인트입니다. 구조가 단순해 보이지만 학습 난도가 높은 편입니다.

Algorithms
Learn to imitate computations.

Copy-v0
Copy symbols from the
input tape.

DuplicatedInput-v0
Copy and deduplicate data
from the input tape.

RepeatCopy-v0
Copy symbols from the
input tape multiple times.

Atari

아타리(Atari) 게임 환경을 파이썬 스크립트 형태로 제공합니다. 프레임마다 Agent와 Environment는 한 턴을 주고받습니다. 딥마인드 팀의 알파고가 초기에 아타리 게임들을 활용하여 성능을 과시한 적이 있어, 이후 많은 강화학습 알고리즘들이 아타리 환경에서 벤치마크를 수행하는 것이 트렌드가 되었습니다.

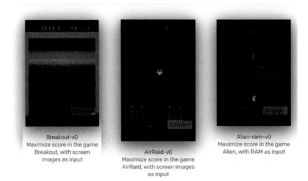

Breakout-v0
Maximize score in the game
Breakout, with screen
images as input

AirRaid-v0
Maximize score in the game
AirRaid, with screen images
as input

Alien-ram-v0
Maximize score in the game
Alien, with RAM as input

Box2D

일종의 물리엔진 환경 내에서 로봇, 자동차, 우주선 등의 기물을 제어하는 과제입니다.

Box2D
Continuous control tasks in the Box2D simulator.

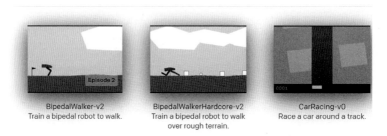

BipedalWalker-v2
Train a bipedal robot to walk.

BipedalWalkerHardcore-v2
Train a bipedal robot to walk
over rough terrain.

CarRacing-v0
Race a car around a track.

Classic Control

일종의 물리엔진 환경 내에서 단순한 선형 시스템을 제어하는 과제입니다.

Classic control
Control theory problems from the classic RL literature.

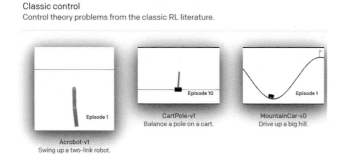

Acrobot-v1
Swing up a two-link robot.

CartPole-v1
Balance a pole on a cart.

MountainCar-v0
Drive up a big hill.

MuJoCo

일종의 3차원 물리엔진 내에서 다양한 오브젝트들이 원하는 대로 동작하도록 학습시키는 데 사용할 수 있습니다. 유전 알고리즘 학습에도 적합합니다.

MuJoCo
Continuous control tasks, running in a fast physics simulator.

Ant-v2	HalfCheetah-v2	Hopper-v2
Make a 3D four-legged robot walk.	Make a 2D cheetah robot run.	Make a 2D robot hop.

Robotics

로봇 제어 환경을 모사하여 학습을 진행할 수 있는 환경으로, 로봇팔이나 로봇손 등을 제어하는 과제입니다.

Robotics
Simulated goal-based tasks for the Fetch and ShadowHand robots.

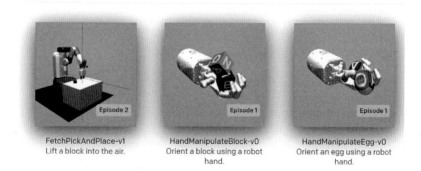

FetchPickAndPlace-v1	HandManipulateBlock-v0	HandManipulateEgg-v0
Lift a block into the air.	Orient a block using a robot hand.	Orient an egg using a robot hand.

Toy Text

텍스트 기반 강화학습 환경으로, CNN을 사용하지 않고서도 다양한 강화학습 알고리즘을 테스트해 볼 수 있는 환경입니다.

Toy text
Simple text environments to get you started.

Taxi-v3	FrozenLake-v0	FrozenLake8x8-v0
As a taxi driver, you need to pick up and drop off passengers as fast as possible.	Find a safe path across a grid of ice and water tiles.	Find a safe path across a grid of ice and water tiles.

이 데이터셋을 활용한 흥미로운 연구결과

[1] Henderson, Peter, et al. "Deep reinforcement learning that matters." Proceedings of the AAAI conference on artificial intelligence. Vol. 32. No. 1. 2018.

[2] Schulman, John, et al. "Proximal policy optimization algorithms." arXiv preprint arXiv:1707.06347 (2017).

[3] Haarnoja, Tuomas, et al. "Soft actor-critic: Off-policy maximum entropy deep reinforcement learning with a stochastic actor." International conference on machine learning. PMLR, 2018.

[4] Pathak, Deepak, et al. "Curiosity-driven exploration by self-supervised prediction." International conference on machine learning. PMLR, 2017.

D4RL
대규모 강화학습
환경들

분야	Reinforcement Learning Environments
데이터 요약	강화학습 모델을 위한 다양한 환경
데이터 규모	–
데이터 포맷	파이썬 패키지
라이선스	CC BY 4.0
데이터 출처	https://sites.google.com/view/d4rl
인용(Citation)	Fu, Justin, et al. "D4rl: Datasets for deep data-driven reinforcement learning." arXiv preprint arXiv:2004.07219 (2020).

OpenAI Gym의 확장 패키지 격의 데이터로, 보다 다양한 환경에서의 강화학습 훈련을 지원합니다. 매우 훌륭한 환경이나 인지도 측면에서 GYM에 밀려 아직까지 피인용 회수는 낮은 편입니다.

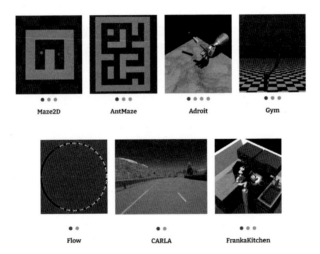

Maze2D	AntMaze	Adroit	Gym

Flow	CARLA	FrankaKitchen

이 데이터셋을 활용한 흥미로운 연구결과

[1] Levine, Sergey, et al. "Offline reinforcement learning: Tutorial, review, and perspectives on open problems." arXiv preprint arXiv:2005.01643 (2020).

[2] Jin, Ying, Zhuoran Yang, and Zhaoran Wang. "Is Pessimism Provably Efficient for Offline RL?" International Conference on Machine Learning. PMLR, 2021.

AI, 빅데이터 활용이 쉬워지는
142가지 데이터셋

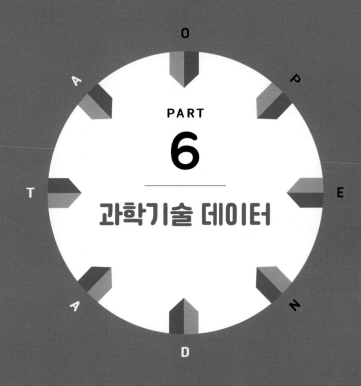

PART

6

과학기술 데이터

CHAPTER

19

생명과학
(Biology)

분야	Genetic Sequences
데이터 요약	암 환자에서 떼어낸 조직을 갈아서 유전자를 분석한 결과
데이터 규모	환자 85,414명분, 유전자 23,621건
데이터 포맷	VCF, TSV 등
라이선스	Public Domain
데이터 출처	https://www.genome.jp/kegg/
인용(Citation)	Grossman, Robert L., Heath, Allison P., Ferretti, Vincent, Varmus, Harold E., Lowy, Douglas R., Kibbe, Warren A., Staudt, Louis M. (2016) Toward a Shared Vision for Cancer Genomic Data. New England Journal of Medicine375:12, 1109–1112

DATASET 133

GDC
암 유전자 포털

미국의 국립보건원에서 공개한 데이터 포털로, 실제 암 환자에서 떼어낸 조직을 갈아서 유전자를 분석한 데이터셋입니다. 미국에서는 생명체의 DNA 염기서열은 자연물 그 자체로 보아 저작권을 인정하지 않으므로, GDC의 데이터도 대부분 Public Domain 영역에 해당합니다. 예전에는 명칭이 TCGA였으나, 어느 순간 GDC로 명칭이 바뀌며 대부분의 서드파티 API들이 먹통이 되는 큰 사건이 있었습니다.

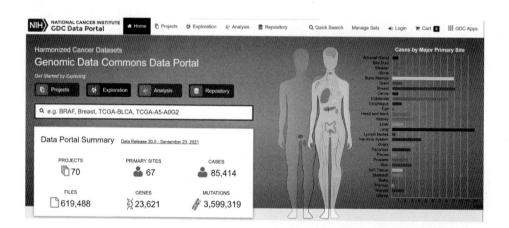

이 데이터셋을 활용한 흥미로운 연구결과

[1] Zhu, Yitan, Peng Qiu, and Yuan Ji. "TCGA-assembler: open-source software for retrieving and processing TCGA data." Nature methods 11.6 (2014): 599-600.

[2] Mounir, Mohamed, et al. "New functionalities in the TCGAbiolinks package for the study and integration of cancer data from GDC and GTEx." PLoS computational biology 15.3 (2019): e1006701.

[3] Du, J., H. J. Gong, and H. Xiao. "Somatic TP53 mutations and comparison of different TP53 functional domains in human cancers: data analysis from the IARC TP53 database and the National Cancer Institute GDC data portal." Med Data Min 4.1 (2021): 3.

CTPR
항암 약물치료 반응

분야	Drug Response
데이터 요약	암세포 cell line에 약물을 투여하여 반응을 정리한 데이터셋
데이터 규모	395,263건의 실험 데이터
데이터 포맷	Articles
라이선스	Provided Openly
데이터 출처	http://portals.broadinstitute.org/ctrp/
인용(Citation)	"Correlating chemical sensitivity and basal gene expression reveals mechanism of action" Rees et al., Nat Chem Biol, 12, 109–116 (2016);

대표적인 대규모 무료 약물 반응 데이터셋으로, 암세포 cell line을 대상으로 실험된 데이터입니다.

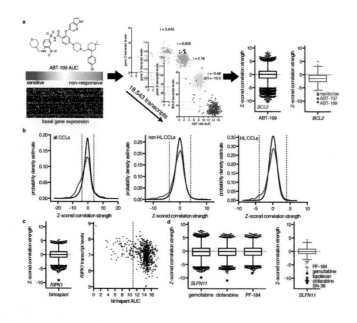

이 데이터셋을 활용한 흥미로운 연구결과

[1] Shee, Kevin, et al. "Integrated pan-cancer gene expression and drug sensitivity analysis reveals SLFN11 mRNA as a solid tumor biomarker predictive of sensitivity to DNA-damaging chemotherapy." PloS one 14.11 (2019): e0224267.

DATASET **135**	분야	생물정보학(bioinformatics)

KEGG
유전자 & 물질대사

분야	생물정보학(bioinformatics)
데이터 요약	유전자, 물질대사, 대사경로 등 온갖 생물학적 정보와 경로, 네트워크들
데이터 규모	–
데이터 포맷	–
라이선스	비영리 연구 목적 자유 사용, 상업적 라이선스 별도 협의
데이터 출처	https://www.genome.jp/kegg/
인용(Citation)	Ogata, H., Goto, S., Sato, K., Fujibuchi, W., Bono, H., and Kanehisa, M.; KEGG: Kyoto Encyclopedia of Genes and Genomes. Nucleic Acids Res. 27, 29–34 (1999).

생물정보학 분야 연구자들이 가장 많이 인용하는 데이터 포털 중 하나입니다. 유전자 정보는 물론 물질대사 경로 등 다양한 데이터셋이 제공되며, 그 규모 또한 세계 최고 수준입니다.

이 데이터셋을 활용한 흥미로운 연구결과

[1] Yang, Cheng, et al. "LncADeep: an ab initio lncRNA identification and functional annotation tool based on deep learning." Bioinformatics 34.22 (2018): 3825-3834.

[2] Abbasi, Karim, et al. "Deep Learning in Drug Target Interaction Prediction: Current and Future Perspectives." Current Medicinal Chemistry 28.11 (2021): 2100-2113.

OOD
박테리아 유전자

분야	Bacterial Genome Sequences
데이터 요약	박테리아 유전자 데이터셋
데이터 규모	실제 데이터 60건과 Augmentation 모델
데이터 포맷	TFRecord
라이선스	Apache 2.0
데이터 출처	https://github.com/google-research/google-research/tree/master/genomics_ood
인용(Citation)	Ren J, Liu PJ, Fertig E, Snoek J, Poplin R, DePristo MA, Dillon JV, Lakshminarayanan B. Likelihood Ratios for Out-of-Distribution Detection. arXiv preprint arXiv:1906.02845.

실제로 수집된 박테리아의 유전자 시퀀스와 Augmentation된 시퀀스로 구성된 데이터셋입니다. 이 데이터셋은 미발견 박테리아를 찾아내기 위한 용도 등으로 사용 가능합니다.

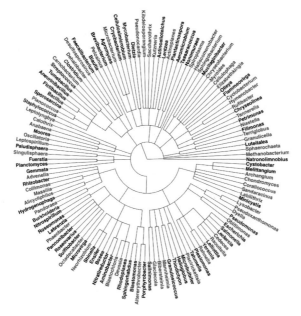

이 데이터셋을 활용한 흥미로운 연구결과

[1] Ovadia, Yaniv, et al. "Can you trust your model's uncertainty? Evaluating predictive uncertainty under dataset shift." arXiv preprint arXiv:1906.02530 (2019).

COVID-19
Open-Data
코로나19

분야	COVID-19
데이터 요약	코로나19와 관련된 여러 분야의 다양한 데이터
데이터 규모	2만 개 이상의 출처로부터 취합됨
데이터 포맷	CSV, JSON
라이선스	CC BY
데이터 출처	https://github.com/GoogleCloudPlatform/covid-19-open-data
인용(Citation)	Wahltinez, O., et al. "COVID-19 Open-Data: Curating a fine-grained, global-scale data repository for SARS-CoV-2 (2020)." Available at https://github.com/GoogleCloudPlatform/covid-19-open-data.

코로나19에 대응하기 위하여 만들어진 데이터셋으로, 2만 건 이상의 다양한 출처로부터 수집된 정보를 토대로 만들어진 데이터셋입니다. 파이썬, R, JQuery, Powershell 등 다양한 환경에서 데이터를 손쉽게 다운받을 수 있는 스크립트가 제공됩니다.

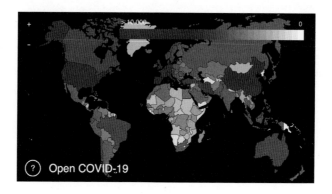

이 데이터셋을 활용한 흥미로운 연구결과

[1] Le, Matthew, et al. "Neural relational autoregression for high-resolution COVID-19 forecasting." Facebook AI Research (2020).

[2] Mehrab, Zakaria, et al. "Evaluating the utility of high-resolution proximity metrics in predicting the spread of COVID-19." medRxiv (2021).

[3] Zhao, Wenyu, et al. "The moderating effect of solar radiation on the association between human mobility and COVID-19 infection in Europe." Environmental Science and Pollution Research (2021): 1-8.

20

화학
(Chemistry)

DATASET 138	분야	Chemical Complex System Simulation
iEnvCmplx 화학 복잡계	데이터 요약	화학 복잡계의 거동을 타임시리즈로 예측하는 시뮬레이터 환경
	데이터 규모	–
	데이터 포맷	Python Packgage
	라이선스	MIT
	데이터 출처	https://github.com/needleworm/ion_interference
	인용(Citation)	Ban, Byunghyun, Minwoo Lee, and Donghun Ryu. "ODE network model for nonlinear and complex agricultural nutrient solution system." ICTC 2019. IEEE, 2019.

화학 복잡계의 거동을 짧은 시간 간격으로 시뮬레이션할 수 있는 ODE(상미분방정식) 복잡계 네트워크 환경입니다. AI 에이전트와 환경이 서로 한 턴 단위로 상호작용을 주고받습니다. AI 에이전트는 시스템에 perturbation을 가할 수 있고, 환경은 한 차례의 동기화 업데이트 이후 결괏값을 에이전트에게 보고합니다.

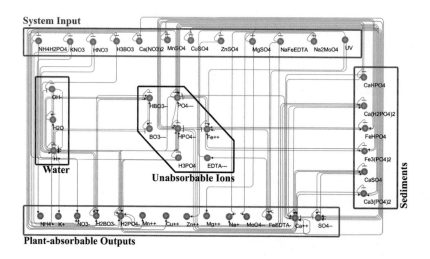

이 데이터셋을 활용한 흥미로운 연구결과

[1] Ban, Byunghyun. "Mathematical Model and Simulation for Nutrient-Plant Interaction Analysis." 2020 International Conference on Information and Communication Technology Convergence (ICTC). IEEE, 2020.

분야	Chemical Complex System Simulation
데이터 요약	화학 복잡계와 화학물질을 흡수하는 객체의 상호작용 시뮬레이션 환경
데이터 규모	–
데이터 포맷	파이썬 스크립트
라이선스	MIT
데이터 출처	https://github.com/needleworm/bh_coefficient
인용(Citation)	Ban, Byunghyun. "Mathematical Model and Simulation for Nutrient–Plant Interaction Analysis." ICTC 2020. IEEE, 2020.

DATASET **139**

iPlantNu-trient
식물-화학 복잡계 상호작용

iEnvCmplx의 확장 버전격으로, 화학 복잡계 내의 물질을 흡수하거나 방출하는 객체를 추가하여 시뮬레이션을 수행할 수 있는 시스템입니다. 이를테면 양액-식물 상호작용 복잡계를 구축하여 식물의 양액 흡수율을 관찰하며, 에이전트가 배양액 내에 perturbation을 가하는 식의 강화학습이 가능합니다.

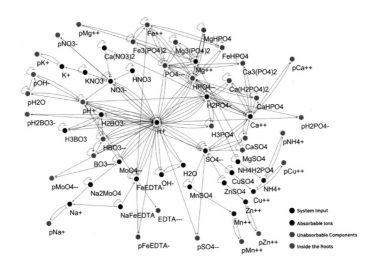

이 데이터셋을 활용한 흥미로운 연구결과

[1] Ban, Byunghyun, et al. "Nutrient solution management system for smart farms and plant factory." 2020 international conference on information and communication technology convergence (ICTC). IEEE, 2020.

DATASET **140**

OGB-LSC
그래프 추론

분야	Graph Structure Inference
데이터 요약	그래프 추론 데이터셋
데이터 규모	총 노드 3억 9천여 개, 총 엣지 24억여 개
데이터 포맷	파이썬 패키지
라이선스	MIT
데이터 출처	https://ogb.stanford.edu/docs/lsc/
인용(Citation)	Hu, Weihua, et al. "Ogb-lsc: A large-scale challenge for machine learning on graphs." arXiv preprint arXiv:2103.09430 (2021).

그래프 추론 모델 학습을 위한 데이터셋으로, Node-level, Link-level, Graph-level 의 그래프 데이터셋을 제공합니다. 데이터셋 홈페이지를 방문하면 각각의 데이터셋 의 사용 방법과 벤치마크 리더보드 등을 열람할 수 있습니다.

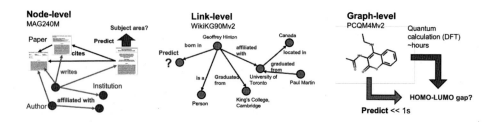

이 데이터셋을 활용한 흥미로운 연구결과

[1] Addanki, Ravichandra, et al. "Large-scale graph representation learning with very deep GNNs and self-supervision." arXiv preprint arXiv:2107.09422 (2021).

[2] Kosasih, Edward Elson, et al. "On Graph Neural Network Ensembles for Large-Scale Molecular Property Prediction." arXiv preprint arXiv:2106.15529 (2021).

DATASET **141**

ProteinNet
단백질 분자구조

분야	Molecular Structure
데이터 요약	단백질 구조 추론 데이터셋
데이터 규모	104,059 구조체, 332,283,871 시퀀스
데이터 포맷	TFRecord
라이선스	MIT
데이터 출처	https://github.com/aqlaboratory/proteinnet
인용(Citation)	AlQuraishi, Mohammed. "ProteinNet: a standardized data set for machine learning of protein structure." BMC bioinformatics 20.1 (2019): 1-10.

단백질 구조 예측을 위한 대규모 데이터셋입니다. 시퀀스로부터 단백질 구조를 추론하는 어려운 문제 해결에 사용됩니다.

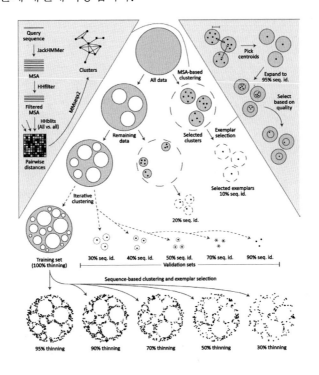

이 데이터셋을 활용한 흥미로운 연구결과

[1] AlQuraishi, Mohammed. "End-to-end differentiable learning of protein structure." Cell systems 8.4 (2019): 292-301.

GDB
유기물 분자구조

분야	Chemical Structure Inference
데이터 요약	소형 유기물 분자구조 데이터셋
데이터 규모	1,660억여 건
데이터 포맷	SMILES
라이선스	MIT
데이터 출처	https://gdb.unibe.ch/downloads/
인용(Citation)	Ruddigkeit, Lars, et al. "Enumeration of 166 billion organic small molecules in the chemical universe database GDB-17." Journal of chemical information and modeling 52.11 (2012): 2864-2875.

분자 구조를 특정 규칙에 따라 아스키 문자열로 표현하는 방식인 SMILES(Simplified Molecular Input Line Entry System) 포맷으로 제공되는 대규모 유기물 구조 데이터 셋입니다. 17개의 C, H, O, N의 조합으로 생성될 수 있는 다양한 분자 구조들을 담고 있습니다.

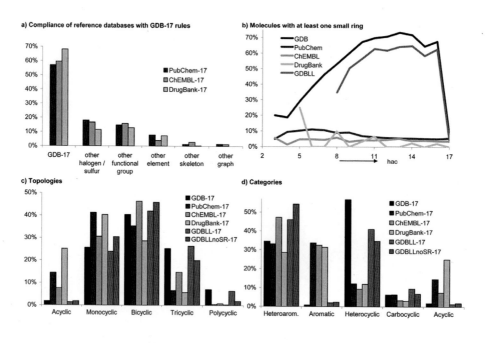

이 데이터셋을 활용한 흥미로운 연구결과

[1] Pujol-Giménez, Jonai, et al. "Inhibitors of human divalent metal transporters DMT1 (SLC11A2) and ZIP8 (SLC39A8) from a GDB-17 fragment library." ChemMedChem 16 (2021): 1-10.

[2] Austin, Nick D. "The case for a common software library and a set of enumerated benchmark problems in computer-aided molecular design." Current Opinion in Chemical Engineering 35 (2022): 100724.